Luca Stefano Cristini

STORIA DELLA GUERRA
dei
TRENT'ANNI

LA FASE FRANCESE (1636-1641)

Volume IV

SOLDIERSHOP PUBLISHING

AUTORE

Luca Stefano Cristini, bergamasco, appassionato da sempre di storia militare. Ha diretto per diversi anni riviste nazionali specializzate di carattere storico e uniformologico. Ha al suo attivo numerose collaborazioni con i principali editori di materie storiche come Albertelli, De Agostini, Mondadori (Focus) e Isomedia per varie loro pubblicazioni. Ha pubblicato il suo primo importante lavoro, su due tomi, dedicato alla guerra dei 30 anni (1618-1648) il primo mai stampato in Italia sull'argomento. L'autore ha oggi al suo attivo molti titoli delle collane Soldiershop, Bookmoon e Museum sia in qualità di autore che di illustratore.

NOTE EDITORIALI

RINGRAZIAMENTI

L'autore desidera ringraziare in particolare Bruno Mugnai che in anni di amicizia e collaborazione mi ha instillato e rafforzato la passione per il "secolo barocco", dai parrucconi, a Henry Purcell, da Gustavo Adolfo a Wallenstein...
Ringrazio qui anche gli antichi collaboratori della prima storica edizione. Da Ugo Barlozzetti, Giuseppe Pogliani e Sergio Valzania, Peter Engerisser, il sig. Friker di Dinkelsbul, Gianpaolo Bistulfi e Olga Dugo. Dimentico certamente (e me ne scuso) molti altri che nel corso degli anni hanno dato il loro prezioso contributo a che questo lavoro vedesse finalmente la luce. La stragrande maggioranza delle immagini, in special modo quelle inedite, e la gran parte delle stampe originali del 600 appartengono all'autore. Per tutte le altre fonti si ringraziano ovviamente tutti i musei, i collezionisti privati e gli archivi fotografici dalle quali provengono e che dove possibile hanno concesso e fornito gentilmente il materiale fotografico per il volume. L'Editore rimane in ogni caso a disposizione degli eventuali aventi diritto per tutte le fonti iconografiche dubbie o non identificate.

A Sandro

Title: **1618 - 1648 STORIA DELLA GUERRA DEI TRENT'ANNI**
Vol. 4 La fase Francese (1636-1648)
By Luca S.tefano Cristini. First edition by Soldiershop. September 2018

ISBN code: 978-88-93273626
Published by Luca Cristini Editore, via Orio, 35/4 - 24050 Zanica (BG) ITALY.
www.soldiershop.com - www.cristinieditore.com

Luca Stefano Cristini

1618-1648

STORIA DELLA GUERRA
dei
TRENT'ANNI

LA FASE FRANCESE (1636-1648)

Volume IV

SOLDIERSHOP PUBLISHING

▲ *Luigi XIII re di Francia (1601-1643) nel famoso dipinto di Philippe de Champaigne. Museo del Prado, Madrid*

CAPITOLO 9

LA FASE FRANCESE (1636-1641)
BANÉR E BERNARDO DI SASSONIA WEIMAR

LE CAMPAGNE DEL 1635

La grande vittoria di Nordlingen e la conseguente pace di Praga azzerarono in un solo colpo tutti i vantaggi derivati dalla discesa in campo della Svezia.

Era giunto definitivamente il momento della Francia, la quale per la verità era già attiva nel conflitto sin dal trattato di Barwalde.

In quell'accordo, la Francia si impegnava a sostenere economicamente gran parte delle spese derivate dal conflitto. Ora la nuova situazione richiedeva un diretto intervento anche militare della grande potenza cattolica. Non solo soldi, ma questa volta anche soldati e cannoni.

Questo inevitabile ed atteso fatto determinò un radicale cambiamento alle caratteristiche specifiche che avevano definito per molti anni la guerra dei trent'anni. Da conflitto spiccatamente religioso esso da tempo andava trasformandosi, in modo graduale ma inesorabile, in conflitto politico. Il primo ministro francese, cardinale Richelieu, era cattolico al pari dell'imperatore Ferdinando II, eppure questo fatto non costituì motivo sufficiente o determinante a evitare la guerra con gli Asburgo, giacché i motivi di fondo di questo intervento erano principalmente rivolti ad una pressante e sentita re-distribuzione del potere nello scacchiere europeo.

La posizione svedese, come abbiamo visto, si era invece fortemente indebolita a seguito della pesante sconfitta subita a Nordlingen.

Oxenstierna dovette per forza di cose accettare che l'intrigante alleato francese andasse ad occupare la cattedra direttiva della Lega di Heilbronn nella conduzione strategica e politica del conflit-

▲ *Il cancelliere svedese Axel Oxenstierna. Ritratto coevo*

to. Si aprì così quella che la maggior parte degli storici chiamano la fase francese e che altri, più correttamente, definiscono franco-svedese.

Dal punto di vista temporale, questa fase fu la più lunga delle quattro che formarono la guerra dei 30 anni, tuttavia i principali accadimenti svoltisi in quei 13 anni si svilupparono in maniera meno costante e sempre all'ombra e sotto il condizionamento dei trattati di pace che si aprirono agli inizi degli anni '40 del secolo.

La fase francese fu caratterizzata da una sequela di conflitti definiti qua e là dalle personalità di generali più o meno importanti ed influenti che si posero alla guida delle campagne militari svoltesi fino alla conclusione dei trattati di Westfalia. Uno dei più importanti fra questi fu certamente il generale svedese Banér, l'ultimo dei paladini reali del compianto re Gustavo Adolfo.

In assenza di Horn, fatto prigioniero a Nordlingen, Banér era diventato il massimo rappresentante dell'esercito svedese in Germania.

L'altro grande condottiero protestante, altro sconfitto di Nordlingen, Bernardo di Sassonia Weimar, vagò per un po' di tempo nel sud della Germania con i pochi resti della sua piccola armata, finché, partendo da Francoforte, raggiunse l'Alsazia per mettersi al servizio della Francia che da tempo macchinava per il suo ingaggio.

Gli altri generali protestanti erano stati sconfitti o si erano ritirati in buon ordine dal teatro della guerra. La Sassonia e il Brandeburgo tornarono nell'alveo della potenza asburgica, sottoscrivendo i trattati di pace di Praga.

Banér al momento rimaneva così l'ultimo bastione svedese a contrapporsi alle vittoriose armate cattoliche in Germania.

In Svezia erano molti coloro che a questo punto reclamavano una pace che mettesse fine agli immani sacrifici di uomini e di danaro che quella guerra aveva fin lì provocato. Tuttavia il cancelliere Oxenstierna non intendeva abbandonare il sogno già coltivato dal suo amato sovrano scomparso di creare un impero Baltico.

La guerra doveva quindi continuare non più in difesa di ideali religiosi (protestanti contro cattolici), ma in nome di conquiste territoriali.

Intanto i nemici dell'imperatore avevano i loro grossi problemi e gli anni 1635 e 1636 furono fra i più foschi per la loro sorte. Subito dopo la pace di Praga, le truppe al soldo svedese infatti si ammutinarono per l'ennesima volta.

Gli svedesi propriamente detti infatti rappresentavano soltanto una esigua minoranza dell'armata che fu di Gustavo Adolfo. Gli altri, in maggioranza tedeschi, abilmente sobillati da agenti imperiali e sassoni, scesero in agitazione e rifiu-

▲ L'elettore Giovanni Giorgio di Sassonia. Ritratto coevo

tarono ogni nuovo incarico bellico. Il cancelliere svedese in quell'incredibile agosto 1635 cercò di convincere i riottosi ufficiali concedendo loro qualifiche di "pari e alleati" e promettendo denaro fresco, che però lo stesso Oxenstierna faticava a raccogliere dagli alleati francesi e olandesi sempre meno propensi alla generosità.

Viste le grosse difficoltà, il cancelliere fu costretto a passare alle maniere spicce e diede formale incarico al Banér di ricondurre all'obbedienza i suoi, con i metodi che lo stesso riteneva opportuni e necessari. Ma poter contare solo su un 10% di truppe fedeli costrinse anche il pur valoroso generale a ricercare la via diplomatica.

Tuttavia ad ottobre la situazione si presentava comunque disperata e Banér giunse a prospettare ad Oxenstierna l'ipotesi di una resa generale al nemico. A cavare gli svedesi d'impaccio intervenne Richelieu, il quale inviò i suoi più abili ambasciatori a Stuhmsdorf dove si stavano tenendo gli accordi fra Polonia e Svezia, a causa dell'avvicinarsi della fine della tregua del 1629.

Nella stessa città ovviamente operavano anche gli ambasciatori austriaci e spagnoli, interessati a rivedere aperte le ostilità fra i due paesi nordici. Ma fu appunto la grande abilità del delegato francese D'Avaux a far vincere il partito della pace, ed il 20 di settembre gli accordi si conclusero e venne sottoscritta una nuova tregua di 20 anni. Questo inatteso colpo di coda diede nuovo ossigeno e linfa agli svedesi, che poterono immediatamente smobilitare i loro forti contingenti nel nord sotto il comando del generale Torstensson.

Numerose truppe vennero così prontamente inviate al disperato Banér appena in tempo prima dell'imminente e probabile defezione generale.

Quindi, un po' per calcolo un po' per timore, gli ammutinati presto rientrarono nei ranghi.

Le maniere "spicce", già suggerite dal cancelliere, furono tuttavia saggiamente evitate; infatti la paura di ripiombare in una nuova crisi era un motivo più che sufficiente per non pensare a riempire le circostanti colline di forche vendicative. Intanto i sassoni imbaldanziti premevano sulle sue incerte truppe, che da tempo avevano abbandonato le terre di Sassonia e Slesia.

Giovanni Giorgio elettore di Sassonia, "fresco" alleato imperiale, guidava un'armata di 25.000 uomini, rinforzata da un supporto di 7.000 imperiali agli ordini del generale Marazzino, per contrastare i quali Banér disponeva di soli 15.000 uomini attorno a Magdeburgo.

Torstensson era in Pomerania con 7.000 soldati ed infine un altro piccolo contingente svedese operava in Westfalia. Arnim, il grande generale sassone, si era dimesso per protesta contro le recenti scelte politiche del suo elettore, e questo fatto evidenziò presto tutti i suoi danni. I suoi sostituti non si rilevarono all'altezza e subirono pesanti rovesci ad opera degli esperti marescialli svedesi. La più numerosa armata sassone commise infatti l'errore di dividersi in due per seguire le distanti truppe nemiche.

Un primo infruttuoso scontro si ebbe ad Havel-

▲ *Johan Gustav Banér e altri generali svedesi in un dipinto coevo*

▲ *Scontro di cavalleria. Opera di Lin van Herman. Museo del Prado, Madrid*

berg, mentre i sassoni ebbero maggior fortuna nell'investire Werben a metà ottobre.

Ma nell'imboscata di Ludershausen, il 25 ottobre, Banér sorprese un distaccamento sassone, provocando al nemico perdite per quasi 2.000 uomini. Il successivo scontro di Domitz fu anche peggio, uno dei maggiori rovesci sassoni della guerra: dei 4.500 uomini guidati all'attacco della testa di ponte dal generale Baudissin, solo il 10 per cento riuscì a sfuggire all'annientamento e a scappare, insieme al loro sfortunato comandante.

Impavidamente Giovanni Giorgio continuò l'offensiva, cingendo d'assedio Magdeburgo, difesa da soli quattro reggimenti svedesi per tutti i mesi di dicembre e gennaio 1636.

Banér chiuse la campagna liberando Werben a fine anno, per portarsi poi attorno a Magdeburgo, forzando così i sassoni nei loro quartieri invernali di Wittenberg. In Pomerania intanto anche l'altra armata sassone-imperiale alla guida di Marazzino conobbe una cocente sconfitta ad opera del Torstensson, il nascente genio militare svedese, nei pressi di Kyritz. Grazie a questo ultimo fatto, i generali svedesi riuscirono a ricongiungersi a Magdeburgo alla fine di gennaio.

IL BELL'ESERCITO DI FRANCIA

La Svezia aveva dato prova del suo intatto valore militare e si era rivelata dotata di truppe di prim'ordine, che, nonostante l'inferiorità numerica, riuscirono ad arginare ovunque nel nord la costante pressione imperiale.

Non si poteva dire la stessa cosa degli eserciti francesi che operavano a ridosso delle zone di confine, spesso guidati da generali vanesi ed inesperti. Erano del resto trascorsi troppi anni di inattività da parte dei soldati francesi perché si potesse immaginare un confronto a pari livello con i veterani tedeschi e svedesi.

Il povero Bernardo di Sassonia Weimar si disperava per l'inettitudine del vecchio maresciallo La Force prima, e del generale la Vallette poi, con i quali avrebbe dovuto cooperare.

▲ *Moschettieri e archibugieri francesi XVII secolo*

I marescialli di Francia, ai pressanti inviti a puntare sul Reno, rispondevano che il loro compito era quello di salvaguardare il sacro suolo della loro patria. Persino in Lorena erano scoppiati dei tumulti in favore del deposto duca e le vicine preponderanti forze imperiali del Gallas facevano prevedere un futuro nero all'audace Bernardo Weimar. Per il momento, tale pressione aveva costretto il suo piccolo esercito a ritirarsi fino a Saarbrucken. In novembre Gallas investe la Lorena e si scontra con l'esercito francese guidato dal re in persona, dopo che un allarmato Feuquieres aveva riportato le gravi ambasce del generale Bernardo. Gallas descrisse il *"bell'esercito"* dei damerini francesi pieni di fiocchi, nastri, sete e rasi che gli si contrapponeva.

Una bella differenza, in paragone alle sue sudice e pidocchiose truppe, che però sapevano "reggere" assai meglio al freddo e al gelo di quell'inverno pungente. Gallas prese quindi posizione con i suoi uomini a Zabern dove poteva controllare i

▲ *La cavalleria finlandese hakkaa päälle: a parte il corpo degli ufficiali, abbigliato in maniera del tutto simile a quello svedese, la vicinanza alla Polonia e alla Russia introdusse fra i finlandesi molte caratteristiche dell'armamento e dell'equipaggiamento dei paesi vicini. Oltre alla sciabola curva e allo scarso impiego delle armi da fuoco, molti cavalieri finlandesi adottarono anche capi d'abbigliamento tipicamente slavi, quali i berretti di pelliccia e le lunghe giubbe imbottite. Tavola di B.Mugnai e L.Cristini*

passaggi dei Vosgi e lì pose i quartieri invernali. Dopo la dichiarazione di guerra di Bruxelles del maggio 1635, le armate francesi svilupparono una maggiore offensiva nelle Fiandre, dove vinsero gli spagnoli a Namur e arrivarono fino a Maastricht per incontrarsi con i comandanti olandesi alleati. Sennonché i politici olandesi, come già ricordato, non avevano nessuna intenzione di correre il rischio di un cambio di padroni fra spagnoli e francesi. Rivolsero quindi un cinico invito alla Francia di attaccare la Spagna direttamente sui suoi confini. I generali francesi si ritirano indignati dal teatro delle operazioni nei Paesi Bassi. Ne approfittò immediatamente l'abile Cardinale Infante, recuperando in breve quanto aveva perso e anche di più. Maggiore fortuna ebbero i soldati di Richelieu sul terzo fronte, quello a sud in Italia e in Valtellina, dove l'attiva presenza del Duca di Rohan, un valoroso ugonotto già sconfitto dal cardinale ed ora suo fedele e valente soldato, aveva riportato sotto controllo francese l'importante passaggio valtellinese ed interrotto così il famoso "cammino spagnolo".

Tuttavia Richelieu si rese ben conto in questo fine 1635 che le sue ambizioni strategiche mal si conciliavano con il penoso stato di fatto delle sue inesperte armate. Per di più, operare un'invasione della zona renana avrebbe finito con l'insospettire i suoi alleati tedeschi. Per queste e per altre ragioni si decise di arruolare formalmente il principe Bernardo di Sassonia Weimar, ma la innata capacità diplomatica di questi e l'operatività militare nella regione spostarono la data fino all'ottobre 1635, in cui venne firmato un accordo preliminare, in seguito ratificato personalmente da tutti gli interessati a Parigi.

In base agli accordi, Bernardo avrebbe dovuto fornire un esercito di circa 20.000 uomini di cui almeno un terzo di soldati a cavallo.

La Francia per contro si faceva carico di un importante esborso finanziario, oltre alla importante concessione relativa alla qualifica di

▲ *I veterani soldati imperiali guidati dal Gallas*

comandante superiore anche di eventuali contingenti francesi che gli sarebbero stati forniti. Ed infine in una segreta postilla, c'era la promessa di importanti indennizzi territoriali a favore del principe tedesco, individuati nella contea di Hagenau e soprattutto l'ambito ducato d'Alsazia. In cambio, Parigi pretendeva di dirigere la strategia generale della guerra e quindi Bernardo avrebbe dovuto seguire le indicazioni del primo ministro, che tentò fra le altre anche la manovra di farne un nobile francese, favorendone il fidanzamento con la figlia del generale Rohan, ma pare che quest'ultimo espediente non abbia funzionato. Ora Richelieu aveva il suo Wallenstein con tutti i pro e i contro, convinto con promesse enormi, difficili da mantenere, già contenenti il germe di una futura discordia, che poi la storia avrebbe puntualmente registrato.

LE FASI DELLA GUERRA DEI 30 ANNI − CRONOLOGIA

Cronologia Fase Francese (le guerre di Banér e Bernardo Sax Weimar) (1635-1641)

Episodi, battaglie e diete, oltre che principali fatti artistici, scientifici o letterari riportate in ordine cronologico. Con asterisco sono indicate le vittorie protestanti.

1635, agosto: secondo ammutinamento svedese.

1635, 12 settembre: viene firmata la tregua di Stuhmsdorf fra Polonia e Svezia.

1635, 27 ottobre: Bernardo di Sassonia Weimar passa al servizio francese.

1635, 1 novembre: ha luogo la battaglia di Domitz fra sassoni e svedesi *.

1635, 9 novembre: battaglia di Morbegno fra i francesi di Rohan e spagnoli*.

1635, 17 dicembre: battaglia di Kyritz fra imperiali-sassoni e svedesi di Torstensson *.

1636, 26 marzo: viene fondata l'università di Utrecht in Olanda e quella di Harvard in America.

1636, 8 giugno: Cartesio elabora la geometria analitica e pubblica il libro *"il discorso sul metodo"*

1636, 22 giugno: battaglia di Tornavento in Lombardia fra franco-sabaudi e spagnoli.

1636, luglio: secondo assedio della città di Magdeburgo da parte imperiale

1636, A. van Dick dipinge il ritratto di Carlo I°

1636, 15 settembre: viene formalmente indetta la riunione elettorale di Ratisbona.

1636, 25 settembre: mancata battaglia di Perleburg.

1636, 4 ottobre: battaglia di Wittstock fra imperiali-sassoni e svedesi *

1636, 22 dicembre: Il figlio dell'imperatore Ferdinando III viene nominato "re dei romani".

1637, giugno: parte la controffensiva imperiale guidata dal generale Gallas.

1637, 15 febbraio: muore l'imperatore Ferdinando II.

1637, 8 settembre: battaglia di Mombaldone fra franco-sabaudi e spagnoli.

1637, 7 ottobre: morte di Vittorio Amedeo I duca di Savoia. Reggenza di Cristina di Savoia.

1637, a Venezia viene aperto il primo teatro d'opera: il San Cassiano.

1638, l'imperatore Moghul Shâh Jahân sposta la capitale da Agra a Delhi.

1638, 28 febbraio: vittoria imperiale su Bernardo Sassonia Weimar a Rheinfelden.

1638, 3 marzo: vittoria francese sull'armata imperiale a Rheinfelden *.

1638, 9 agosto: battaglia di Wittenweier fra bavaro-imperiali e Bernardo Sassonia Weimar*.

1638, Galileo fonda la nuova scienza denominata *Fisica meccanica* e ne espone i principi.

1638, 31 agosto: battaglia di Crevacuore vinta dai sabaudi sui francesi.

1638, 5 settembre: nasce Luigi XIV il futuro re sole

1638, ottobre-novembre: battaglia e assedio di Breisach sul Reno*.

1638, 18 dicembre: alla morte di Giuseppe, Mazzarino diventa il primo consigliere di Richelieu.

1639, 14 aprile: ha luogo la battaglia di Chemnitz fra svedesi e imperiali *.

1639, 7 giugno: Piccolomini sconfigge il generale francese Feuquieres a Thionville.

1639, George de la Tour diviene pittore ufficiale della corte di Francia.

1639, 19 giugno: Enrico II di Borbone-Condè prende Salses chiave del Roussilon*.

1639, 29 luglio: nella guerra civile piemontese Tommaso di Savoia assedia e conquista Torino.

1639, 18 ottobre: il mais arriva in Francia.

1639, 3 settembre: fine della guerra di Valtellina con la pace fra imperatore e i Grigioni.

1639, dalla corteccia della china in Perù viene ottenuto per la prima volta il chinino.

1639, 31 ottobre: la flotta olandese distrugge la flotta spagnola nella battaglia di Downs *.

1639, 18 luglio: Bernardo di Sassonia Weimar muore in seguito ad un attacco di peste.

1639, 20 novembre: battaglia del ponte della rotta, i francesi sconfiggono Tommaso di Savoia.

1640, 28 gennaio: muore il conte Von Thurn autore della defenestrazione di Praga.

1640, 30 maggio: muore il pittore Paul Rubens.

1640, Il matematico francese Pascal pubblica il suo *"essai sur le coniques"*.

1640, 1 dicembre: muore il vecchio elettore Giorgio Guglielmo di Brandeburgo.

1640, 1 dicembre: Il Portogallo si separa dalla Spagna con la quale apre un conflitto.

1641, scoppia la guerra del Sund fra Danimarca contro Svezia e Olanda.

1641, gennaio: i catalani proclamano una repubblica indipendente dalla Spagna.

1641, Cartesio pubblica le sue meditazioni metafisiche in cui è presente il motto *"Cogito ergo sum"*

1641, Galileo inventa il primo termometro e Pascal il primo calcolatore.

1641, 26 gennaio: comincia l'assedio di Ratisbona da parte degli svedesi di Banér.

1641, 19 marzo: assedio della città di Newburg da parte delle armate imperiali.

1641, 20 maggio: il generale Banér muore a seguito di un'intossicazione alimentare.

1641, 9 dicembre: muore il pittore A. van Dick.

▲ *Schermaglia durante la fase francese 1640 (particolare). Incisione di Stefano della Bella*

LE GRAND
CARDINAL
DE RICHELIEV:
IL A BIEN MERITÉ LE NOM DE
GRAND

IL A FAIT   DES CHOSES SI ADMIRABLES QV'ON
N'EVST OSE DEVANT LVY NY LES ENTREPRENDRE
NY LES ESPERER:
SA SOLIDE PIETÉ, ET LA FORCE DE SON GENIE ONT
FAIT VOIR QVE LES MAXIMES DE LA RELIGION
N'ESTOIENT PAS INCOMPATIBLES AVEC CELLES
DE L'ESTAT:
IL EVT TANT D'AMOVR POVR SON ROY, QV'IL NE
CRAIGNIT POINT D'ATTAQVER, ET D'ABATRE TOVT
CE QVI S'ESLEVOIT CONTRE SON AVTHORITÉ:
IL EVT TANT DE ZELE POVR SA PATRIE, QV'IL PORTA
SA GLOIRE AVSSI LOIN QVE LA IVSTICE LE PERMIT,
SOVS LES HEVREVX AVSPICES DE LOVIS LE IVSTE.
IL FIT LA FRANCE LA TERREVR DE TOVTE L'EVROPE:
IL REDVISIT A L'OBEISSANCE LES HVGVENOTS, QVI
PARTAGEOIENT LA COVRONNE:
IL DOMPTA LA ROCHELLE, CETTE PLACE IMPRENABLE,
LA TESTE DE L'HERESIE ET DE LA REBELLION ET TROIS
CENT VILLES, QVI RENDOIENT CE PARTY FORMIDABLE:
IL ESTENDIT NOS LIMITES DANS LA FLANDRE, DANS
L'ALLEMAGNE, DANS L'ITALIE, ET DANS L'ESPAGNE,
ARRAS, NANCY, SEDAN, BRISAC, PIGNEROL, CAZAL, ET
PERPIGNAN, EN SONT LES ILLVSTRES MARQVES:
AINSI CE MERVEILLEVX MINISTRE FIT TRIOMPHER SON
ROY, AV DEDANS, ET AV DEHORS DE SON ROYAVME:
SES GRANDS OVVRAGES POVR LA RELIGION SVRPASSENT
SES GRANDS SERVICES POVR L'ESTAT:
LES PIEVS MONVMENS QV'IL EN A LAISSÉ, LVY FERONT
VN TANT QVE LES SIECLES:
COMME MINISTRE, IL EN PERFECTIONNE LES CHRESTIENS,
IL A ESTOVFFÉ EN CONVAINC L'HERESIE,
IL A ESTÉ LE PROTECTEVR DE LA VERTV, DE LA SCIENCE, ET
DES BEAVX ARTS:
SA MAGNIFICENCE, SA LIBERALITÉ NE LAISSERENT PAS DE
FAMILLE ... IN'ESTOIT COMPOSÉE ...
SA PAROLLE ESTOIT SACRÉE QVE LES ENNEMIS DE ...
... ... DES PLACES D'OTAGE:
IL ... SAVOIT SA PLACE, IL ... REGARDE LA TERRE ...
SA FERMETÉ, ET ... GILL, SANS ... FRANCE, ET AV BOVT
DE SA ... IL'AVRA ... PRIERE, IL ... LVY ET LA COVRONNE ...
IMMORTELLE ... PARLE A CEVX QVI VIVENT, ET QVI ...
... ... EST A ... GRANDES, INGOVERNABLE ...
CARDINAL ...

14

GUSTAV A.J. DU PLESSIS, CARDINALE RICHELIEU 1585-1642

Nato a Parigi da una nobile famiglia originaria del sud della Francia, era destinato ad una carriera militare, ma nel 1605 si trovò invece costretto ad una carriera ecclesiastica, al posto del fratello che l'aveva rifiutata.

Cominciò quell'anno i suoi studi in teologia, per essere nominato già l'anno successivo vescovo da parte di re Enrico IV ed ottenere, grazie ad una speciale dispensa vista la giovane età, la stessa investitura anche dal Vaticano pochi mesi dopo. Nel 1614 iniziò anche la sua carriera politica, quando riuscì per la prima volta a farsi eleggere deputato, diventando anche in breve il portavoce dell'assemblea. Nel novembre dello stesso anno, venne nominato da Maria de Medici Gran cerimoniere alla corte della regina Anna d'Austria, cosa che gli permise di entrare nel consiglio del re di Francia e assumere il compito di Segretario di Stato per l'interno e la guerra.

Dopo un breve periodo di crisi dovuto all'assassinio di Concino Concini in cui lo si riteneva parzialmente coinvolto, rientrò a corte incaricato di negoziare un accordo tra Luigi XIII e la madre Maria de Medici, cosa che portò a termine con successo, acquisendo fama di abilissimo negoziatore e ricevendo, in cambio dei servizi forniti, la porpora cardinalizia nel 1622.

Nel 1624 entrò a far parte ufficialmente del consiglio del re, e, nominato primo ministro, iniziò da subito ad operare per il perseguimento dei suoi grandi obiettivi politici.

Sul piano della politica estera, per limitare l'espansione del potere degli Asburgo, già insediati in Spagna e in Austria, strinse alleanze con l'Olanda e i principi tedeschi e coinvolse la Francia in una guerra contro l'Austria e la Spagna.

Nel 1631 finanziò l'attacco alla Germania condotto da Gustavo II Adolfo, re di Svezia.

Più tardi, quando partecipò direttamente alla guerra dei Trent'anni, decise di allearsi, lui cattolico persino con i protestanti tedeschi. Nel frattempo, vedendo nel potere degli ugonotti francesi una minaccia alla stabilità della monarchia, nel 1628 Richelieu cinse d'assedio La Rochelle, ultima roccaforte dei protestanti.

La successiva pace suggellata con il documento conclusivo, detto *"Grazia di Alais"*, confermava agli ugonotti la libertà di culto, ma tolse loro definitivamente la loro forza politica e militare. In politica interna, Richelieu fu altrettanto risoluto: per ottenere l'ubbidienza della nobiltà, riluttante ad assoggettarsi agli editti reali, non esitò un istante a far eseguire condanne capitali anche ai danni di molti nobili.

Fece anche distruggere più di 2.000 fra castelli e borghi fortificati, che non riteneva fondamentali per la difesa del territorio francese.

Oltre che della direzione politica del regno, si occupò anche della parte economica ristabilendo l'ordine nelle finanze reali; promosse la colonizzazione estera, spingendo la Francia ad acquisire il Canada, varie isole caraibiche, la Guyana ed il Senegal. Gettò insomma le basi per una sorta di impero francese *ante litteram*.

Durante la sua direzione, favorì la nascita anche di una forte marina militare e, sotto il punto di vista della cultura, bisogna ricordare che a lui si deve la prestigiosa fondazione dell'*Accademy de France*. Nel 1631 all'apice della sua carriera politica, riuscì ad ottenere dal re anche l'autorizzazione a costruire un intero villaggio che porta il suo nome, considerato ancor oggi come un capolavoro dell'urbanistica europea del XVII secolo. Prima di morire nel 1642, riuscì anche a raccomandare al re la figura del suo successore nel cardinale Mazzarino.

E' anche certo che il cardinale Richelieu sia riuscito ad accumulare negli anni una immensa fortuna, forse la più grande di Francia, superiore persino anche a quella dello stesso re.

LA CAMPAGNA DEL 1636 E LA BATTAGLIA DI WITTSTOCK

Nel 1636 gli imperiali e gli spagnoli ripresero le ostilità contro la Francia.

Dal Belgio il cardinale infante diede il via alla campagna di Picardia grazie al contributo di validi sottoposti quali Piccolomini, Jean de Werth e Tommaso di Savoia Carignano.

Ma torniamo al fronte propriamente svedese, che avevamo lasciato con gli ultimi successi del Banér. Il generale svedese aveva approfittato della pausa nei quartieri invernali per mettere a punto la sua valida macchina bellica ed aveva organizzato il suo esercito in tre armate distinte. Il corpo principale con 12.000 uomini a Magdeburgo, sotto il suo diretto comando a fronteggiare i sassoni. Gli altri due contingenti di 6.000 uomini ciascuno, rispettivamente in Westfalia e Pomerania a controllare i rispettivi avversari.

Banér era tutt'altro che un principe animato da nobili impulsi, alla maniera dei primi condottieri della fase palatino-boema.

Egli era un efficiente soldato, ma non incline a nessuna forma di sentimentalismi che, almeno in parte, avevano accompagnato anche l'opera del suo scomparso re. Le sue truppe erano composte da un numero sempre crescente di assassini e briganti indisciplinati, che era meglio non avere contro. Proprio ora i due elettori protestanti, i quali credevano di aver finalmente risolto la gran parte dei loro problemi con la pace firmata a Praga, constatarono di trovarsi alla mercé vendicativa delle irritate soldataglie svedesi.

L'imperatore tuttavia inviò cospicui rinforzi ai suoi alleati sassoni; circa 25.000 uomini al comando di Hatzfeld, più altri seimila agli ordini di Marazzino. In aprile queste truppe raggiunsero Giovanni Giorgio di Sassonia portando il rapporto di forze rispetto al nemico a 2 a 1.

Questo grosso esercito investì immediatamente Magdeburgo ed opportunamente Banér si sot-

trasse alla cattura, rifugiandosi a Werben e lasciando nella sfortunata città sull'Elba poco più di 2.000 uomini alla sua difesa.

L'assedio si protrasse fino a metà luglio, quando Magdeburgo finalmente si arrese al suo ennesimo assedio. Marazzino investì nuovamente la Pomerania e ancora con scarsi risultati.

Il nuovo generale Conte Melchiorre Von Hatzfeld, un assiano calvinista ma fedele all'imperatore, non approfittò del successo di Magdeburgo e rimase fermo di fronte alle truppe di Banér.

Quest'ultimo aveva ricevuto nel frattempo 4.000 uomini di rinforzo, tuttavia stimando ancora sfavorevole il rapporto di forza nei confronti degli imperiali e dei loro alleati, il 12 agosto 1636 levò i bagagli dalla sua posizione e si diresse verso la Westfalia incontro ai 6.000 uomini del suo affiliato, il generale scozzese Leslie, là dislocati.

Alexander Leslie, curioso personaggio era il più noto dei mercenari inglesi al servizio svedese.

Hatzfeld poco dopo si mise sulle sue tracce, non prima di aver inviato un contingente a liberare il Brandeburgo. L'obiettivo di entrambe le armate era la città di Luneburg nella bassa Sassonia.

Ma la manovra dello svedese si rivelò presto per quello che era, solo un'abile finta.

La Westfalia non era il teatro principale ed egli tornò precipitosamente verso il Brandeburgo e la Sassonia e in questo rapido dietrofront alla fine di agosto per poco non si scontrò presso Salzwedel con il grosso dell'esercito avversario, parimenti ignaro di essere così vicino allo svedese.

Il comandante imperiale Hatzfeld non si perse d'animo e continuò l'inseguimento dell'abile nemico attraverso i grandi fiumi della zona.

Da una parte e dall'altra vennero distrutti ponti per rallentare ora la fuga ora l'inseguimento.

Il generale imperiale intanto mandò dispacci anche a Marazzino perché lo raggiungesse e facesse con lui fronte comune. Questo ricongiungimento subì dei contrattempi, al che Banér da buon

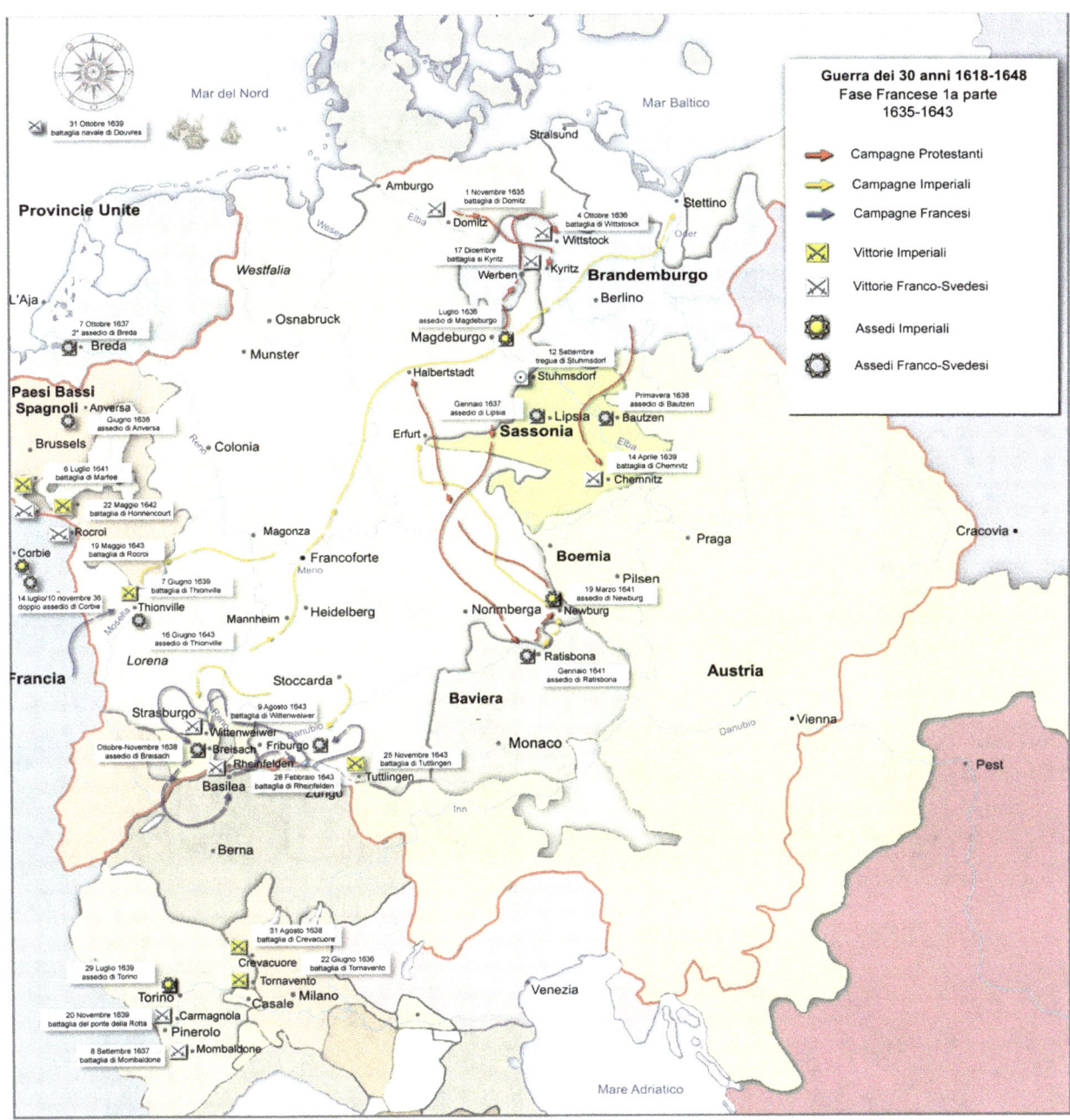

▲ *Battaglie e campagne della fase francese fino al 1643*

stratega, decise con audacia di forzare i tempi e di offrire battaglia al suo avversario nei dintorni di Perleburg, il 25 di settembre.

L'esercito svedese era assai ben trincerato e coperto, tanto che Hatzfeld declinò la sfida.

Banér quindi elaborò un nuovo ennesimo piano e si ritirò su Werben, che raggiunse il 29 settembre ed il 3 ottobre finalmente raggiunse la zona di Wittstock, poco prima che vi arrivassero i suoi nemici. Ed è in questa sconosciuta località che il genio militare di questo ennesimo ottimo soldato svedese si coprirà di gloria.

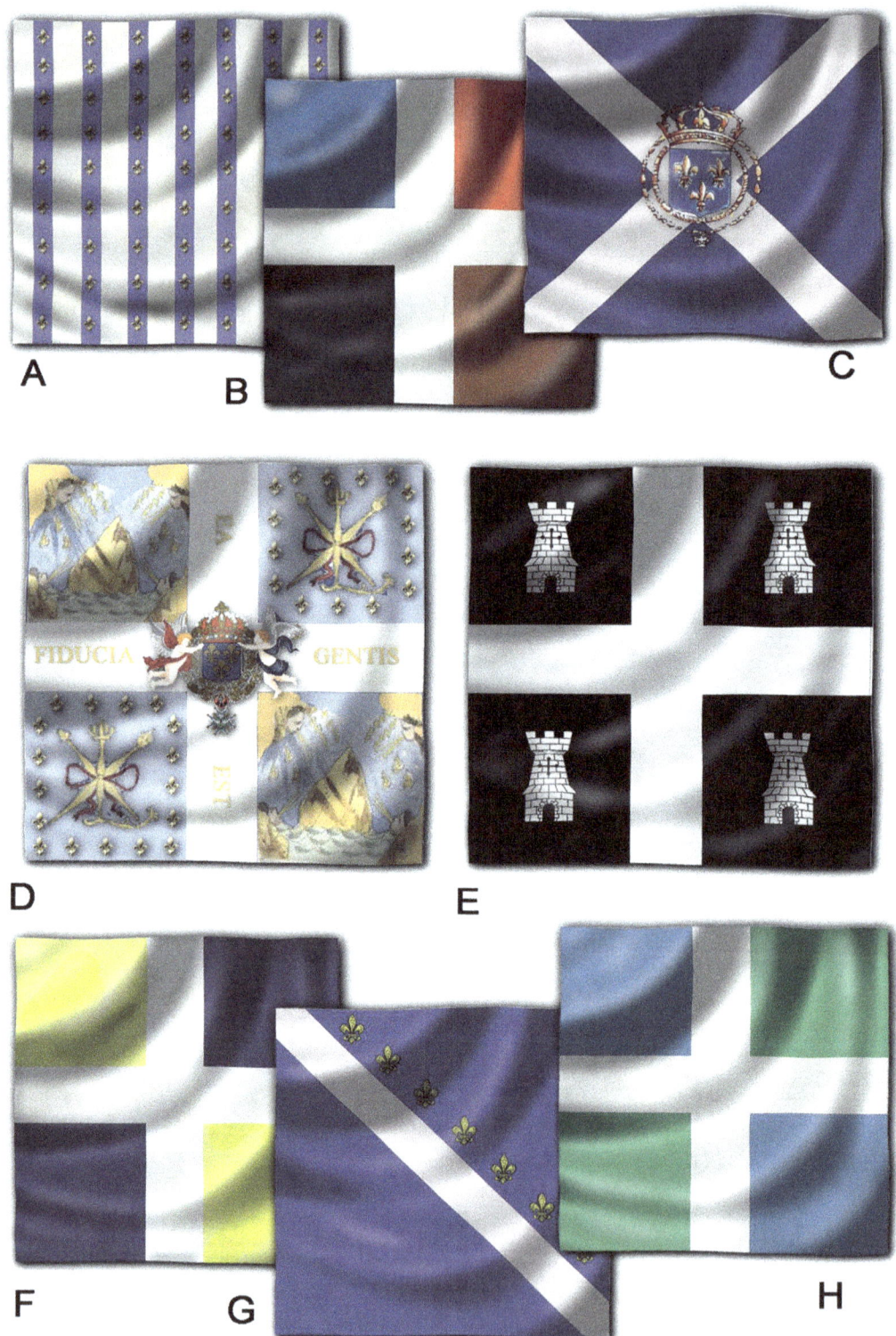

▲ *Stendardi e bandiere francesi 1610-1650: A,G Bandiera delle Guardie, B Bandiera del reggimento d'Enghien. C Stendardo del reggimento Garde Ecossaise. D La Maison du Roi bandiera delle Cent Gardes Suisses. E Bandiera del reggimento Turenne. F Bandiera del Reggimento Beaumount. H Bandiera del Reggimento de la Marine (del Cardinale Richelieu). Tavola di Luca Cristini*

LUIGI XIII DETTO IL GIUSTO, RE DI FRANCIA 1601-1643

Nato nel Castello di Fontainebleau nel 1601, Luigi fu il primo figlio di Enrico IV e di Maria de' Medici. Venne battezzato il 14 settembre 1606 sempre a Fontainebleau, avendo come padrino (secondo l'uso dell'epoca) papa Paolo V che si fece rappresentare in loco dal cardinale de Joyeuse, mentre sua madrina fu la zia Eleonora de Medici, duchessa di Mantova, sorella della regina Maria. Ascese al trono all'età di nove anni, subito dopo l'assassinio del padre da parte del fanatico Ravaillac. La madre tenne la reggenza per il figlio finché Luigi non compì i sedici anni. L'assassinio di Concino Concini nel 1617 da lui istigato, tolse di mezzo definitivamente sua madre dalle leve del potere. Sotto il suo regno, la dinastia dei Borboni continuò a fiorire, anche se la annosa questione della libertà di religione continuò a tormentare il paese. Tuttavia grazie alla brillante opera del suo primo ministro il Cardinale Richelieu, il destino della Francia andò incontro a 25 anni epici e gloriosi.

Sotto Luigi XIII, gli Asburgo furono umiliati, dopo che nel 1635 la Francia entrò direttamente nella guerra dei Trent'anni, come alleata della Svezia e dei principi protestanti di Germania.

Venne costruita una potentissima flotta e i privilegi speciali garantiti da suo padre agli Ugonotti furono cancellati con la pace d'Ales e il successivo editto di Nimes.

In politica estera, Luigi XIII organizzò lo sviluppo delle colonie ed espanse gli insediamenti del Quebec. Sposò una principessa asburgica, Anna d'Austria (1601-1666), figlia del re Filippo III di Spagna. Un matrimonio poco felice, anche a causa della presunta omosessualità di Luigi XIII. Tuttavia dopo 20 anni di matrimonio e svariati aborti, Anna diede finalmente alla luce un figlio nel 1638, anche se ancora sussistono dubbi circa la reale paternità del futuro Re Sole.

Mentre Richelieu era il rettore della politica

Francese, i diversi favoriti del re lasciarono traccia di sé nel regno. Il primo di essi fu il duca di Luynes, l'amico più fidato e suo consigliere, di 23 anni più vecchio. L'ultimo dei favoriti ed amanti del re fu il marchese di Cinq Mars, molto più giovane di lui, che venne giustiziato per cospirazione con il nemico spagnolo in tempo di guerra. Luigi XIII morì il 14 maggio 1643 dopo sei settimane di terribili coliche e vomito, a soli 42 anni. I medici nel tentativo di salvarlo lo sottoposero a ben 34 salassi, 1.200 clisteri e 250 epurazioni! Dopo la morte di Luigi nel 1643, avvenuta ad un mese da quella del Richelieu, sua moglie Anna divenne reggente per il figlio Luigi XIV, futuro Re Sole che all'epoca aveva solo 5 anni.

BERNARDO DI SASSONIA WEIMAR 1604-1639

Era l'undicesimo figlio del duca Giovanni terzo di Sassonia Weimar. Perse suo padre nel suo primo anno di vita e, non ancora tredicenne anche la madre Sofia Dorotea.

La sua carriera militare iniziò sotto le bandiere di Ernesto Mansfeld combattendo sia a Wiesloch sia a Wimpfen che a Stadtlhon.

Una volta sconfitta la causa palatina passò prima al servizio di re Cristiano di Danimarca ed infine al servizio degli olandesi.

Quando nel 1630 apparve la stella di Gustavo Adolfo, Bernardo fu uno dei primi fedelissimi suoi sostenitori, accompagnando il re di Svezia in tutta la sua trionfale marcia in Germania fino alla morte di questi sul campo di Lutzen.

Nella battaglia Bernardo assunse il comando proprio a seguito della morte del re; e dopo avere ucciso un colonnello che si rifiutava di condurre i suoi uomini all'attacco, riuscì, con la sua energica conduzione, a ottenere una quasi vittoria al tramonto. Questo fatto, grazie all'appoggio di Oxenstierna lo lanciò al comando supremo dell'esercito svedese alla testa del quale liberò la Sassonia e la Franconia.

Di quest'ultima regione venne anche infeudato dall'unione dei vescovati di Bamberga e Würzburg. Nel novembre del 1633 conquistò l'importante città imperiale di Ratisbona.

Subisce però insieme al collega Horn la pesante sconfitta di Nordlingen che intacca il prestigio suo e dell'invincibilità svedese e che gli fa anche perdere il suo fresco ducato di Franconia.

Caduto in disgrazia agli occhi del cancelliere Oxenstierna, decide di passare al servizio dei francesi che gli garantiscono un adeguato compenso in denaro oltre alla promessa del langraviato d'Alsazia. Offerta questa da parte del Richelieu a patto di accettarne la locale religione cattolica. Investito quindi del doppio incarico di comandante generale delle truppe della lega di

▲ *Ritratto di Bernard van Saksen-Weimar. Dipinto da Michiel van Mierevelt*

Heilbronn e dell'esercito svedese, Bernardo raccoglie numerosi successi sul campo soprattutto nella gloriosa campagna del 1638 in cui conquista Rheinfelden, Friburgo e Breisach reputata la più solida fortezza d'Europa. Oltre alle grandi vittorie campali di Rheinfelden, Wittenweiher e Thann. Morì l'anno successivo a Neuburg sul Reno a soli 35 anni mentre stava preparando una nuova campagna contro gli imperiali.

Come per altri generali del suo periodo vi è il sospetto che sia stato avvelenato per ordine di Richelieu, probabilmente preoccupato del suo crescente potere, ma questo fatto non fu mai ufficialmente dimostrato. Rimandò i suoi diritti in un breve testamento che però non fu mai considerato nemmeno durante i trattati di Westfalia nonostante le vivaci proteste dei suoi fratelli. Il suo corpo venne traslato da Breisach alla sua Weimar soltanto nel 1655.

VERSO LO SCONTRO NEL BRANDEBURGO

Per potersi muovere più agevolmente, Banér decise di lasciare indietro tutto il suo pesante bagaglio e treno d'armata, ma saggiamente portò con sé i cannoni.

Quindi assegnate poche truppe addette alla scorta del bagaglio l'armata si ridusse da 20 a 18.000 uomini, di cui ben 10.000 cavalieri.

Questi rapporti di forza fra fanteria e cavalleria sono una curiosità statistica. All'inizio del conflitto la media dei cavalieri in un'armata era del 25-30%; questi ad esempio erano i rapporti alla battaglia della Montagna bianca.

Queste percentuali crebbero nel tempo a vantaggio degli uomini a cavallo, fino al record stabilito nella battaglia di Jankow del 1645, dove nell'armata imperiale due uomini su tre erano appunto truppe montate a cavallo. Ma torniamo alla marcia su Wittstock, con il generale imperiale Hatzfeld che non aveva una chiara idea di dove fosse cacciato il suo rivale svedese, né notizie in merito alle sue intenzioni.

Il generale imperiale decise quindi di occupare una forte posizione vicino alla cittadina di Wittstock posta sul fiume Dosse nel Brandeburgo, ad un centinaio di chilometri a nord-ovest di Berlino. Dispose la sua armata su una larga e lunga collina chiamata Scharfenberg, che correva da est ad ovest. Questa collina dominava la spoglia vallata piana, che si apriva a sud e da dove si attendeva l'assalto dell'armata nemica.

L'ala sinistra era a sua volta protetta da altre colline più piccole, da una grossa boscaglia e dal fiu-

In folchem Habit Gehen die 800 In Stettin angekommen Irrlander oder Irren.

▲ *Mercenari scozzesi e irlandesi a Stettino. Stampa coeva*

21

me Dosse. L'ala destra infine era ben coperta da una altra foresta impenetrabile.

La parte a sud di questo schieramento fu inoltre potentemente rinforzata con ridotte e palizzate, mentre non si presero uguali accorgimenti per i fianchi dell'armata ed il retro.

Difesa da ben sette brigate, appoggiate con buona copertura di artiglieria, questa posizione era veramente forte e micidiale per tutti coloro che l'avessero investita. Sarebbe stato un vero e proprio suicidio caricare questa collina.

Il quesito era: quanti uomini avevano gli imperiali in questa roccaforte naturale? La questione non è ancora stata ben definita.

La gran parte dei trattati contemporanei scrivevano di un consistente vantaggio degli imperiali nel rapporto di forze con gli svedesi, esaltando così ancor più la vittoria che il Banér ottenne alla fine della giornata del 4 ottobre.

Il generale svedese nelle sue memorie scrisse infatti di avere avuto a disposizione 16.000 uomini contro i 25.000 dell'avversario.

Hatzfeld per contro, e per sminuire la disfatta, capovolse i dati parlando di 12.000 uomini a sua disposizione contro 20.000 svedesi!

Altre fonti contano 17.000 svedesi contro 23.000 imperiali. La storiografia moderna riporta una stima di 18-19.000 uomini per parte, quindi in uno stato di sostanziale parità.

L'armata svedese era posta a sud di questo schieramento, e ad ovest del fiume Dosse, un modesto fiumicciatolo emissario dell'Havel che tuttavia, in quei giorni di pioggia incessante, era diventato impetuoso e carico d'acqua.

Banér tuttavia riuscì ad occupare i ponti e a restaurali, cosa questo che consentì alle sue truppe di effettuare il guado del corso d'acqua nelle prime ore del 4 ottobre 1636.

Fu però solo verso le 14.00 che egli poté gettare il primo sguardo alla forte posizione occupata dal suo avversario ed immediatamente ne stimò la forza e l'impossibilità di operare un assalto diret-

to. Elaborò quindi un piano audace, fantasioso e assai moderno. Giova ricordare qui il leggendario personaggio. Il generale svedese era un donnaiolo alcolizzato, cinico e brutale, un po' come il suo rivale Gallas in campo imperiale.

Tuttavia era il migliore soldato svedese dopo Gustavo Adolfo, fornito di un'audacia senza pari e di una tattica assai attiva ed aggressiva, dotato di parecchio coraggio personale e capace di ottenere grandi risultati militari, anche con truppe di qualità inferiore ed incerte.

Era insomma l'uomo giusto nel momento giusto per tentare di risollevare le malconcie fortune della Svezia dopo il disastro di Nordlingen.

Il piano elaborato consistette nel dividere i suoi uomini in quattro schieramenti: il primo di circa 4.000 uomini posto sull'ala destra, prossimo al fiume, al suo diretto comando, con l'aiuto del suo secondo il generale Torstensson (che farà molto parlare di sé in futuro).

Il secondo, più corposo (quasi 6.000 uomini), immediatamente posto dietro la primo, al comando dello scozzese Alexander Leslie.

Assai staccato sulla sinistra il terzo gruppo con una forza di 3.200 uomini, guidati dal generale James King ed infine la riserva di circa 5.000 uomini, alla guida del generale Vitzhum.

La forte ala destra avrebbe risalito la collina dalla parte nord, in parte coperta dalla foresta di Fretzdorf e dal fiume Dosse.

L'ala sinistra sarebbe stata inviata ad operare un largo raid per piombare alle spalle dell'estrema ala destra avversaria.

Infine la nutrita riserva avrebbe supportato entrambe le ali secondo le necessità.

Questo piano era corretto ed aveva una sua logica, ossia evitare il rischioso assalto diretto, tuttavia si doveva tenere conto dell'estrema difficoltà di manovrare di concerto con truppe tanto distanziate (anche più di 10 chilometri): si trattava certamente di un azzardo, ma quella era la specialità del feldmaresciallo Johan Gustav Banér.

JOHAN GUSTAV BANÉR 1596-1641

Johan Banér nacque a Djursholm in Svezia. Quando aveva solo quattro anni perdette suo padre e suo zio, che furono decapitati a seguito di un'accusa per alto tradimento, a causa del loro appoggio fornito a Re Sigismondo Vasa di Svezia (futuro re di Polonia).

E sebbene questo tragico evento fosse dovuto alla volontà del padre di Gustavo Adolfo, fra Banér e lo stesso Gustavo Adolfo crebbe comunque una forte e solida amicizia, accentuata anche da una vaga somiglianza fisica fra i due.

Banér prese quindi parte con onore nelle guerre che la Svezia si procurò contro Russia e Polonia, ritrovandosi colonnello all'età di 25 anni.

Nel 1630 egli sbarcò con il suo re in nel nord della Germania ed alla epica battaglia di Breitenfeld ebbe il comando dell'ala destra della cavalleria svedese. Fu pure presente alla presa di Augusta e di Monaco di Baviera, e rese un eccellente servizio alla battaglia sul Lech e a Donauworth dove trovò la morte il celebre generale Tilly.

Nel sanguinoso scontro dell'Alte Veste, condotto contro le truppe del Wallenstein, Banér ricevette una ferita che lo mise fuori gioco per diverso tempo. Non fu presente invece a Lützen, dato che era stato incaricato di seguire le mosse del generale imperiale Aldringer.

Due anni più tardi, in qualità di maresciallo di Svezia, Banér con 16.000 uomini conquista Praga e la Boemia. Ma la pesante sconfitta che Bernardo di Sassonia-Weimar subì a Nördlingen fermò la sua marcia vittoriosa.

Dopo questo evento che provocò la Pace di Praga, scaturì una nuova critica situazione, che vedeva l'esercito svedese in una posizione molto precaria, ma le nuove vittorie svedesi a Kyritz e soprattutto quella del Banér a Wittstock il 4 ottobre 1636, ripristinarono per intero l'influenza politica della Svezia in Germania.

Ciononostante, i tre eserciti combinati rimane-

▲ *Ritratto del generale Johan Banér*

vano in ogni caso chiaramente inferiori numericamente a quelli imperiali, e nel 1637 Banér non era ancora in grado di sconfiggere definitivamente il nemico. Nel 1639, Banér si ripresenta allora nuovamente all'attacco nella Germania settentrionale, sconfiggendo i sassoni a Chemnitz ed invadendo nuovamente la Boemia. Negli stessi anni rifiutò sempre sdegnato, generose offerte da parte imperiale, che lo incitavano a passare al loro servizio.

Il suo ultimo capolavoro militare fu l'assedio invernale di Ratisbona, dove era riunita la dieta imperiale. Soltanto lo scioglimento dei ghiacci salvò la città dalla cattura svedese, e Banér dovette ripiegare su Halberstadt. Qui, nel maggio del 1641 morì per una non meglio precisata intossicazione alimentare, dopo avere designato il generale Torstensson come suo successore.

Banér viene generalmente considerato il migliore dei generali di Gustavo Adolfo e certamente fu un notevole stratega.

MERCENARI INGLESI AL SERVIZIO SVEDESE 1620-1648

Fra 20 e 30.000 il numero di scozzesi che militarono nelle fila svedesi (ma non solo) durante la guerra dei trent'anni. Almeno 10.000 gli inglesi e qualche migliaio gli irlandesi.

Molto divennero noti come gli ufficiali coinvolti nell'assassinio di Wallenstein (vedi Walter Leslie). Tutti ebbero comunque la fama di validi soldati, molto considerati soprattutto dal re Gustavo Adolfo che li definiva soldati particolarmente abili e capaci.

I colonnelli più noti al servizio della causa protestante furono Robert Monros, John Monros, James Ramsay e Alexander Leslie tanto per citarne alcuni. Partiti inizialmente per restaurare sul trono di Boemia la regina Elisabetta Stuart moglie dell'elettore Palatino, oltre che sorella del loro re Carlo I° Stuart. In più la promessa di molto denaro e ricchi bottini di guerra finirono

▲ *Ritratto di Alexander Leslie di George Jamesone*

con l'attrarre molti di questi che diverranno in futuro abili veterani nella guerra civile inglese. Molti comunque furono inviati a combattere in Europa contro la loro volontà.

Gli ordini diramati in Inghilterra e Scozia erano che tutti i vagabondi e nullafacenti, nonché tutti quelli non meglio impiegati fossero catturati e spediti a combattere per Gustavo Adolfo.

Uno dei più noti comandanti scozzesi, come detto fu Alexander Leslie conte di Leven (1579-1661). Egli entrò in servizio presto nel 1605, nel 1622 è promosso colonnello.

Prese parte alla campagna tedesca diventando governatore della costa baltica. Impegnato a raccogliere truppe per l'armata, nel 1636 viene promosso maresciallo di campo.

Costretto a far ritorno in Scozia nel 1638, a causa di disordini scoppiati nella sua patria.

Diventa comandante delle forze scozzesi durante la guerra civile e comanderà con onore i suoi alle battaglie di Marston Moor e Dunbar.

▲ *Walter Leslie (1607-1667) fu invece coinvolto nell'assassinio di Wallenstein e divenne poi feldmaresciallo imperiale*

LA BATTAGLIA DI WITTSTOCK DEL 4 OTTOBRE 1636

Verso le 15.00 del 4 ottobre le sentinelle imperiali scorsero i primi movimenti delle truppe svedesi che si stavano avvicinavando nella zona di Wittstock.

Hatzfeld aveva previsto che da quel fronte non avrebbe dovuto ricevere sorprese, vista l'impenetrabilità del terreno, ed invece questa novità gli alterava tutto il suo piano di difesa. Banér non gli si presentava "comodamente" dalla spoglia piana a sud, ma gli spuntava tutto d'un tratto alla sua estrema sinistra. Si rendeva urgente una nuova presa di posizione sulle tre piccole colline ad est della sua posizione sulla Schreckenberg ed allo scopo vennero prontamente inviati drappelli e reggimenti di cavalleria, che rinforzarono immediatamente le tre piccole colline di Scharfenberg. Banér e Torstensson intanto prepararono nel migliore dei modi le formazioni d'attacco delle loro truppe, secondo i migliori canoni e le tattiche più sperimentate della tradizione svedese.

Lo scontro si accese infuocato sui declivi di queste piccole colline, dove gli eserciti si erano riposizionati. Gli imperiali da posizioni vantaggiose e più numerosi, stavano avendo ragione degli audaci ed impavidi battaglioni e squadroni svedesi. Banér già disperava di salvare una situazione che si andava drammatizzando velocemente ed imprecava soprattutto nei confronti dei suoi sottoposti. Entrambi erano in grave ritardo: King e Leslie, i suoi due generali inviati a coprire uno la larga diversione per piombare alle spalle del nemico, e l'altro a fornire spinta dietro le prime linee. Dopo un'attesa che parve eterna, dal centro dello schieramento imperiale si videro finalmente comparire le fanterie e gli squadroni di Leslie. Questo provvidenziale arrivo diede fiato alle oramai esauste truppe svedesi che stavano cedendo, con lo stesso Banér che rischiò in più di un'occasione di cadere colpito, come il suo re a Lützen

▲ *Il torrente Dosse a Wittstock*

o di venire catturato come il suo collega Horn a Nordlingen. Hatzfeld in ogni caso ebbe modo di prendere comunque le sue contromisure e le sue batterie in cima alle colline continuarono a vomitare micidiali bordate sulle truppe nemiche. Alcuni battaglioni di Leslie perdettero addirittura quasi il 70% dei loro effettivi.

La riserva svedese comandata da Vitzthum intanto se ne rimaneva immobile sulle sue, nonostante il forte cannoneggiamento della battaglia fosse chiaramente udibile dalla sua posizione.

A questo punto gli imperiali cominciarono a confidare seriamente nella vittoria. Ma alle 18,30 proprio dietro le linee imperiali, si cominciarono ad udire distintamente dei colpi di cannone: era il segnale che Banér stava aspettando.

Finalmente James King era arrivato sul campo di

battaglia e, come anni dopo con Blucher a Waterloo, in pochi minuti l'esito dello scontro prese una piega diversa. King si gettò come una furia sulle sorprese truppe sassoni ed imperiali che, attaccate su tre lati, in buon numero gettarono le armi o si diedero ad una disperata quanto repentina fuga. In più, per le fortune svedesi, persino il prudente Vitzthum alla guida della riserva di Banér, comparve ora sul terreno e, dopo essersi preso i pesanti rimbrotti del suo comandante, gettò anche i suoi uomini nella mischia finale.

Le schermaglie con le ultime resistenze imperiali proseguirono per tutta la sera e, dopo un consiglio di guerra, Hatzfeld e l'elettore decisero di ritirarsi, coperti dalla cavalleria del generale italiano Raimondo Montecuccoli.

Banér per contro non ebbe né la forza né la lucidità sufficiente per organizzare un efficace inseguimento e così, verso la mezzanotte, ebbe termine la sanguinosa battaglia di Wittstock.

LE PERDITE DELLA BATTAGLIA

I sassoni e gli imperiali subirono nello scontro 2.000 perdite fra morti e feriti, 3.000 prigionieri, la perdita di tutta l'artiglieria e ben 151 stendardi. Gli svedesi annunciarono che durante la rotta gli imperiali perdettero altre migliaia di uomini: in verità essi non furono più di qualche centinaio. Gli svedesi patirono un numero maggiore di morti e feriti (3.300 in tutto), lamentarono la perdita di 15 bandiere ma non persero nemmeno uno dei loro preziosi cannoni.

Si trattò pertanto di una vittoria ottenuta a caro prezzo, a dispetto di quanto dichiarato dalla maggiore parte dei testi contemporanei e di molti di quelli successivi. Il cinico Banér seppe bravamente tenersi per sé tutti gli onori e riempì di critiche i suoi sottoposti per gli errori commessi durante lo scontro che era costato così caro alle armi di Svezia. Lo sconfitto e depresso Hatzfeld si ritirò in un primo tempo con tutta l'armata su Halberstadt, dove il contingente sassone si fer-

▲ *La battaglia di Wittstock in una tavola contemporanea*

mò, mentre gli imperiali decisero di continuare la loro ritirata in Westfalia.

Banér iniziò allora un'opera di riconquista, riprendendosi Werben, ed in Sassonia l'importante città di Erfurt, dove prese anche contatto con un contingente alleato Franco-Assiano.

I sassoni nelle settimane successive continuarono a subire rovesci di piccola entità e finirono col perdere anche Torgau. Nel gennaio del 1637 Banér pose l'assedio a Lipsia, che però venne ostinatamente difesa da un cocciuto colonnello, ed a dispetto di un pesante uso della sua rinomata artiglieria, lo svedese non riuscì ad averne ragione. Il sette di febbraio egli quindi rinunciò alla conquista della grande città sassone, levò le tende, lamentando perdite di oltre 1.000 uomini si ritirò a Torgau per riassestare il suo stanco esercito.

LA BATTAGLIA DI WITTSTOCK DEL 4 OTTOBRE 1636

Disposizioni iniziali alla battaglia di Wittstock.

Truppe dell'esercito Imperiale-Sassone: al comando del generale Hatzfeld, così disposte:

Fanteria:

I1=Regg. Fant. Goltz (IMP boemo-tedesco): 600
I2=Regg. Fanteria Thun (Baviera): 700
I3= Regg. Fanteria Manteuffel (IMP tedesco): 800
I4= Regg. Fant. Enan (IMP ispano-italiano): 700
I5= Regg. Fanteria Bunau (Sassonia): 800

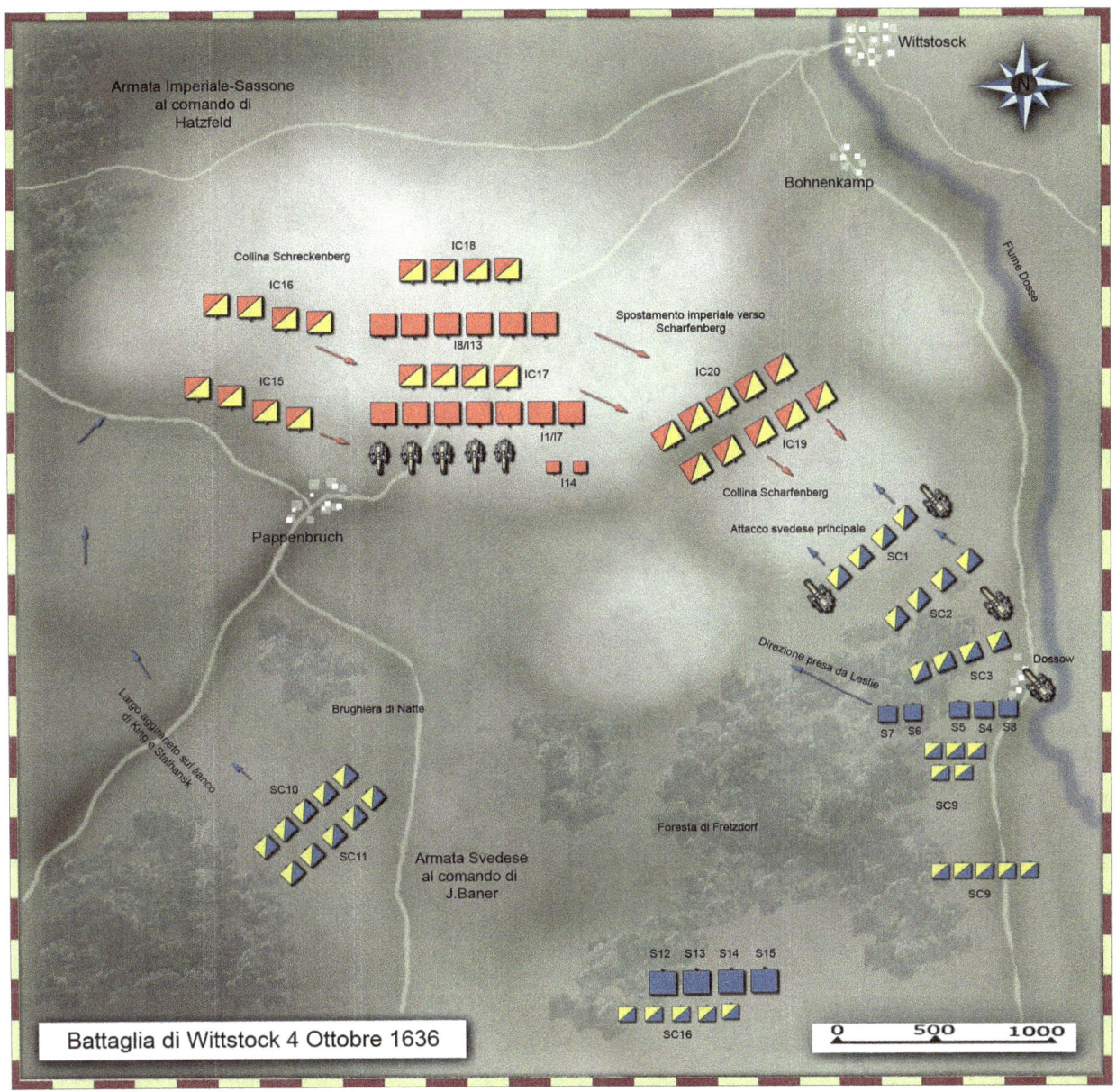

Battaglia di Wittstock 4 Ottobre 1636

I6= Regg. Fant. Wallenstein (IMP tedesco): 600

I7= Regg. Fanteria Colloredo (IMP tedesco): 700

I8= Regg. Fanteria Bourre (IMP tedesco): 600

I9= Regg. Fanteria Hatzfeld (IMP tedesco): 500

I10= Regg. Fanteria Schleinitz (Sassonia): 700

I11= Regg. Fanteria Pforte (Sassonia): 600

I12= Regg. Fanteria Bose (Sassonia): 700

I13= Regg. Fant. Strassoldo (IMPitaliano): 500

I14=avanguardia dragoni: 1000

Cavalleria:

IC15=Squadroni Marazzino (imp.-sassoni): 1.440

IC16=Squadroni Kalkstein (imp-sassoni): 1304

IC17=Squadroni Wildberg (imp-sassoni): 1322

IC18=Squadroni Falkenstein(Brandeburgo): 1134

IC19=Squadroni Hatzfeld (imperiali): 2031

IC20=Squadroni Ulhefeld (imp-assiani): 1891

Totale di 8.500 fanti, 9122 cavalieri, 1000 dragoni e 30 cannoni per complessivi 18.622 uomini.

▲ 1. Picchiere di un reggimento imperiale. 2. Corazziere di Banér che usa il calcio della sua pistola per cercare di ostacolare il picchiere nemico. Probabilmente l'azione del caracollo si è conclusa da poco e nella concitazione, il corazziere non ha avuto il tempo di estrarre lo spadone. 3 e 4. Bandiere del reggimento di fanteria sassone J.M. Von Schwalbach. Tavola dell'autore

Truppe dell'esercito Svedese: al comando del generale Banér, così disposte:

Ala destra e centro:

SC1= Squadroni Torstensson (svedesi): 950

SC2= Squadroni Banér (baltici e tedeschi): 1350

SC3= Squadroni Franz Henrich (tedeschi): 1325

S4= Brigata Svedese: 892

S5= Brigata Scozzese: 800

S6= Brigata Blu (svedesi): 856

S7= Brigata Leslie (scozzese): 900

S8= Brigata Sabelitz (tedeschi): 896

SC9= Squadroni retr. (svedesi e tedeschi): 1450

Ala sinistra:

SC10= Squadroni Stalhansk (ted. e finnici): 1675

SC11= Squadroni King (tedeschi e scozzesi): 1475

Riserva:

S12= Brigata Thomasson (svedesi): 438

S13= Brigata Wrangel (tedeschi): 738

S14= Brigata Ruthven (tedeschi): 698

S15= Brigata Bauer (tedeschi): 1012

SC16= Squadroni di riserva (ted. e scozzesi): 2025

Totale di 7730 fanti, 10.250 cavalieri e 60 cannoni per complessivi 17.980 uomini

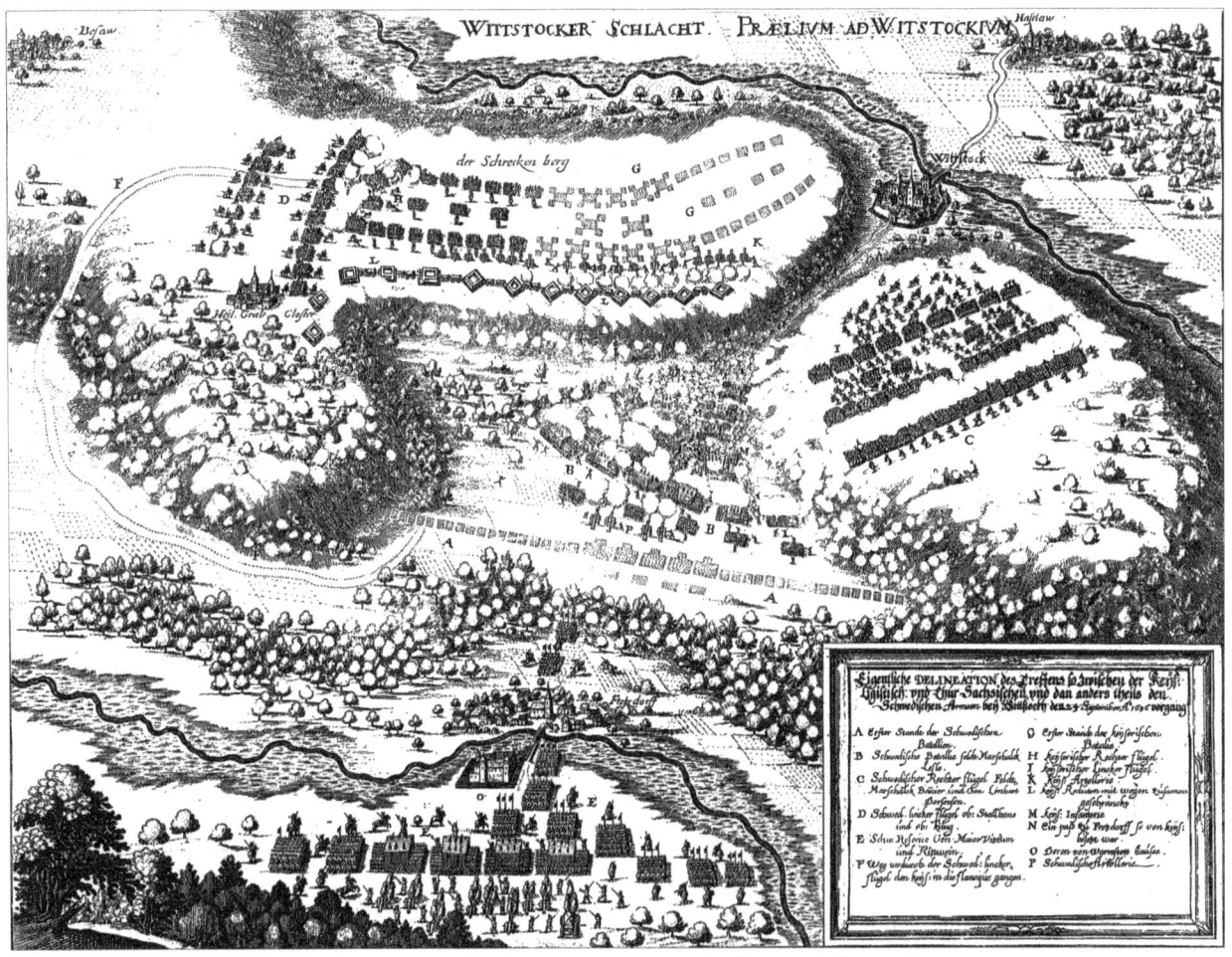

▲ *La battaglia di Wittstock del 1636. M.Merian da Theatrum Europaeum (Collezione dell'autore)*

▲ *Dragone imperiale con spadone del tipo pallash. Tavola di F.Gerash*

LA MORTE DI FERDINANDO II

Nell'autunno del 1636 l'imperatore Ferdinando indisse la riunione degli elettori a Ratisbona, che aprì i battenti ufficialmente il 15 settembre. Questa dieta fu la coronazione della pace di Praga, di conseguenza venne organizzata in grande pompa e non incontrò ostacoli di sorta, in parte per la ovvia assenza della Francia e dei pochi principi ribelli rimasti esclusi.

Qui il 22 dicembre il vecchio imperatore riuscì a far eleggere Re dei romani all'unanimità il proprio figliolo Ferdinando, re d'Ungheria.

Il "ribelle" Massimiliano di Baviera venne ripagato assegnandogli in nuova moglie, la figlia 24enne dell'imperatore, un buon regalo, non c'è che dire per il sessantaduenne duca bavarese.

Questo fatto segnò l'apogeo della potenza imperiale asburgica in Germania. Durante tutto il convegno nella grande città imperiale, Ferdinando II si era mostrato attivo ed entusiasta come non mai. Si era personalmente occupato di tutti i particolari organizzativi della riunione, anche dei più banali. Tuttavia la sua salute malferma e soprattutto disturbi respiratori dovuti ad una persistente asma, lo tenevano in apprensione.

A tutto ciò Ferdinando II reagiva con la preghiera e con un pacato fatalismo: *"L'impero non ha più bisogno di me, del resto abbiamo provveduto a dargli un successore che in verità è eccellente"*.

Aveva all'epoca solo 59 anni, ma le pesanti diete, la vita condotta in estenuanti genuflessioni spirituali, con il caldo e con il freddo, alle ore più impensabili, lo avevano molto provato.

Si decise pertanto di far tornare il vecchio e malato imperatore a Vienna, dove giunse in pessime condizioni ai primi di febbraio del 1637.

Recitando il *Nunc Dimittis*, trascorse gli ultimi giorni nel suo letto, al cui capezzale facevano ampia corona i suoi confessori gesuiti ed il conforto della chiesa tutta, in grosso debito con questo suo "meritorio" figliolo. Lui moriva sereno, senza

▲ *Il mausoleo Ferdinandeo a Gratz in Austria*

rimorsi o dubbi, certo di aver compiuto la sua opera in piena fede, di aver fatto tutto il possibile estirpando l'eresia e riaffermando il diritto della chiesa cattolica romana sui suoi territori.

Al mattino del 15 febbraio Ferdinando II prese commiato dal mondo ed i suoi resti mortali furono destinati a quel capolavoro barocco, ancora oggi visitabile, che è il Mausoleo Ferdinandeo di Gratz, la sua città d'origine. Il destino gli risparmiò quindi di assistere alla repentina caduta del suo castello di carta. Ebbe infatti la buona sorte di morire nel miglior momento per le fortune di casa Asburgo. Sarebbe toccato a suo figlio, il nuovo Kaiser Ferdinando III, in mezzo ad infinite difficoltà, l'onere di mettere la parola fine alla guerra da lui iniziata. Con Ferdinando II muore l'ultimo dei principali protagonisti della guerra, forse in assoluto la personalità più determinante ed importante dell'intero conflitto, vuoi per la lunga durata del suo regno, vuoi per le sue scelte politiche, che tanto avevano pesato sulla vita dei suoi sudditi e dei suoi nemici.

▲ *Portastendardo imperiale con borgognotta e ufficiale dei corazzieri in corazza completa. Tavola del Frohlich*

L'OFFENSIVA DI MATTEO GALLAS

Nel giugno del 1637 gli imperiali tentarono di riprendere il controllo della situazione inviando il terribile Gallas in qualità di comandante generale nella zona di operazione in Sassonia.

Partendo dalla zona del Reno, egli si congiunse per via con Marazzino e con i resti dell'esercito sassone. Sulla carta disponevano di un'imponente armata di 45.000 uomini, ma più realisticamente, escludendo guarnigioni e altro, Gallas aveva tra le mani un esercito di 30.000 uomini o poco più. Tuttavia essi erano sempre più numerosi dei 14.000 svedesi ancora stanziati a Torgau.

Il piano del Gallas era semplice e brutale insieme: distruggere definitivamente il suo *alter ego* svedese Banér. Era ovviamente a conoscenza del vantaggioso rapporto di forza e quella che egli scatenò ricordava vagamente una gigantesca caccia alla volpe. Gallas raggiunse Kustrin nel nord e costrinse in un angolo il povero Banér fin sui lontani confini polacchi. Ma, proprio mentre il topolino svedese sembrava definitivamente in trappola, Banér mostrò tutta la sua notevole abilità e capacità tattiche.

Con una serie di abili finte si sottrasse alla cattura e alla disfatta, per ricomparire magicamente di nuovo sul Baltico. Questa stupefacente manovra esaltò in tutta Europa il genio militare del Banér, facendo fare al povero Gallas la figura dello zimbello, figura che probabilmente non meritava, dato che il suo piano era sostanzialmente corretto e per il fatto che fu soprattutto buona sorte quella occorsa al suo mitico avversario.

Tuttavia non era certo fuggendo che la Svezia poteva vincere la guerra e l'inseguimento infatti continuava, con il Gallas che intanto sconfiggeva un esercito svedese alla guida di Wrangel, mentre i suoi alleati sassoni liberavano una ad una tutte le città e le piazzeforti precedentemente perse.

▲ *Johan Gustav Banér*

A fine luglio le forze svedesi nell'area erano tutte concentrate al sicuro nella piazzaforte di Stettino. Come già nel recente passato Wallenstein ebbe modo di collaudare con la piazzaforte di Stralsund, anche Stettino ben difesa e supportata per la parte sul mare dalla flotta svedese si rivelò impossibile da prendere.

Gallas quindi passò l'estate e l'autunno a "ripulire" la Pomerania, svernando alla fine nel Meclemburgo. Il 1638 assegnava il fronte nord di nuovo in mano imperiale. Tutti i vantaggi ottenuti a Wittstock si erano a questo punto dissolti. Anche le altre piccole armate svedesi in Westfalia subirono diversi rovesci. Solo i loro alleati francesi alla guida di Bernardo Weimar riuscivano a rimanere attaccati al Reno.

La primavera del 1638 rappresentò per gli imperiali il punto di massima espansione sul con-

FERDINANDO III D'ASBURGO IMPERATORE 1605-1657

Figlio dell'imperatore Ferdinando II e di sua moglie, Maria Anna di Baviera. Nato in Austria, venne educato alla corte del padre e ricevette una rigorosa educazione religiosa e scientifica dai padri gesuiti chiamati ad essere suoi tutori. Ferdinando fu un erudito e un musicista. Imparò ben sette lingue: tedesco, latino, italiano, spagnolo, francese, ceco ed ungherese, parlandole tutte fluentemente. Dopo la morte dei suoi fratelli Carlo (1603) e Giovanni Carlo (1619), egli divenne il successore designato del padre. Come il suo augusto genitore, fu un fervente cattolico ma si oppose grandemente all'influenza che i gesuiti avevano instaurato a corte. Divenne imperatore alla morte del padre avvenuta nel 1637. Aveva tuttavia già assunto il comando dell'esercito imperiale nella guerra dei Trent'anni, dopo l'assassinio del generale imperiale Albrecht von Wallenstein nel 1634.

In qualità di comandante in capo conquistò Ratisbona e successivamente si distinse nella vittoria di Nördlingen contro la Svezia, insieme con il cugino Cardinale Infante, vittoria che fu decisiva per la successiva pace di Praga.

Già incoronato re d'Ungheria nel 1625 e re di Boemia nel 1627. Una volta succeduto al padre sul trono imperiale, cercò di porre fine alla guerra, ma fu frenato dal suo stesso desiderio di agire di concerto con la cattolica Spagna, ancora impegnata nella guerra contro la Francia.

Non aveva nessuna delle fanatiche ossessioni paterne, al contrario si rivelò un uomo saggio, intelligente, tollerante ed in definitiva un buon imperatore. Tuttavia, la radicata ostilità religiosa nei confronti del protestantesimo lo portò nel 1640 a rifiutare la proposta della dieta di Ratisbona di concedere un'amnistia generale ai protestanti. Diede però incarico di vagliare proposte ed accordi per giungere ad in tempi possibilmente brevi ad una favorevole pace generale.

▲ *Ritratto di Ferdinando III. Opera di Jan van den Hoecke*

Nel 1648 fu costretto a sottoscrivere il trattato della pace di Vestfalia, secondo il quale la religione di ciascun territorio dell'impero veniva stabilita dal sovrano del territorio stesso.

All'interno dei suoi domini ereditari, perciò, ai protestanti non venne riconosciuta alcuna libertà religiosa. Nel 1656 inviò un'armata in sostegno della Spagna, in lotta contro la Francia sul territorio italiano e l'anno successivo si alleò con la Polonia contro la Svezia.

Si sposò ben tre volte: una prima nel 1631 con Marianna d'Asburgo infanta di Spagna, nel 1641 con Maria Leopoldina d'Asburgo del ramo tirolese ed infine nel 1651 con la principessa Eleonora Gonzaga (curiosamente anche la seconda moglie di suo padre aveva lo stesso nome). Da queste tre ebbe complessivamente sette figli.

Morì a Vienna il 2 aprile 1657; gli succedette al trono il suo secondogenito Leopoldo I.

tinente, e raggiunsero il loro zenit dell'intero conflitto. A luglio tuttavia il tenace Banér, ancora costretto a Stettino, ricevette un rinforzo di 15.000 uomini, formato da contingenti svedesi e finnici, che gli permisero di infondere nuovo entusiasmo e fiducia alla sua macchina da guerra.

LE ULTIME OFFENSIVE DI BANÉR

Il 10 agosto 1638 Banér si sentiva finalmente pronto per dare il via al suo contrattacco, per il quale disponeva di un'armata di 21.000 uomini, in maggior parte cavalieri, mentre il suo rivale Gallas, costretto a piazzare i suoi uomini un po' ovunque, in distretti e guarnigioni più o meno distanti, poteva ora contare solo su un'armata di campagna composta all'incirca da 15.000 uomini. La posizione vicino al Baltico e la buona rete di sussistenza erano ulteriori vantaggi per la fazione svedese. Per resistere, gli imperiali avrebbero dovuto rinforzarsi, riunendo le truppe il prima possibile. Tuttavia i tranelli e le tattiche diversive attuate dal Banér ottennero di separare le truppe di Gallas da quelle di Marazzino, prima di chiudere l'anno nei propri quartieri invernali.

Con l'inizio del nuovo anno, egli diede il via alla sua nuova offensiva, cominciando con la piccola azione del 20 febbraio denominata la seconda Lutzen, quando intercettò e sconfisse un piccolo corpo tedesco di 5.000 uomini.

Maggiore risonanza ebbe però la tragica imboscata che il generale svedese tese allo sfortunato generale imperiale di origine italiana Rodolfo Giovanni di Marazzino.

Nella battaglia che ne seguì a Chemnitz il 4 aprile, questi perse quasi 3.000 uomini.

Banér procedette quindi al sistematico assedio di molte città dei dintorni, fra cui Pirna, la città degli accordi preliminari per i trattati di pace di Praga. Ora il suo piano si rivolgeva nuovamente alla Boemia. Aveva con sé ben 26.000 uomini

▲ *La campagna del nord fu spesso fatta di tante imboscate e scontri fra le truppe sparse nel grande territorio. Tela di S. Vrancx*

per portare a termine l'impresa e appena passato l'Elba, nei dintorni di Brandeis, il 29 maggio mise in rotta alcune truppe imperiali inviategli contro dal Gallas proprio per sbarrargli la strada.

Passò quindi ad investire direttamente Praga, che venne subitamente bombardata.

Tuttavia le forze di Gallas erano più che sufficienti a garantire la tenuta della capitale boema e Banér fu costretto a segnare il passo. Intanto altri contingenti svedesi proseguivano l'opera di bonifica nel territorio del Brandeburgo.

I nuovi generali svedesi Wrangel e Torstensson minacciarono la Sassonia, catturarono Bautzen, la capitale della Lusazia e si spinsero anche in Slesia. Gli svedesi godevano ora la migliore distribuzione strategica dai tempi infausti di Nordlingen. Tuttavia questo notevole allargamento aveva finito con il diradare le forze, come già era

accaduto nei mesi precedenti proprio a Gallas.

Ora era Banér che si trovava costretto a rimpinguare tante guarnigioni per assicurarsi le recenti conquiste territoriali, mentre il suo rivale di sempre, Gallas, veniva raggiunto dai nutriti rinforzi portati dal fratello dell'imperatore, l'arciduca Leopoldo, che portarono l'esercito imperiale a contare più di 30.000 uomini.

Un successivo contingente di 15.000 uomini guidati dal Piccolomini e proveniente dalla Fiandra faceva spostare ancora di più la bilancia a favore dei soldati di Ferdinando III.

La posizione svedese nel breve era tornata nuovamente precaria, ma stavolta ci si trovava a molte miglia di distanza dalle proprie basi, in territorio ostile, dove solo grazie a sistematici saccheggi gli svedesi riuscirono a garantire il sostentamento delle loro truppe. Banér tuttavia si era ormai

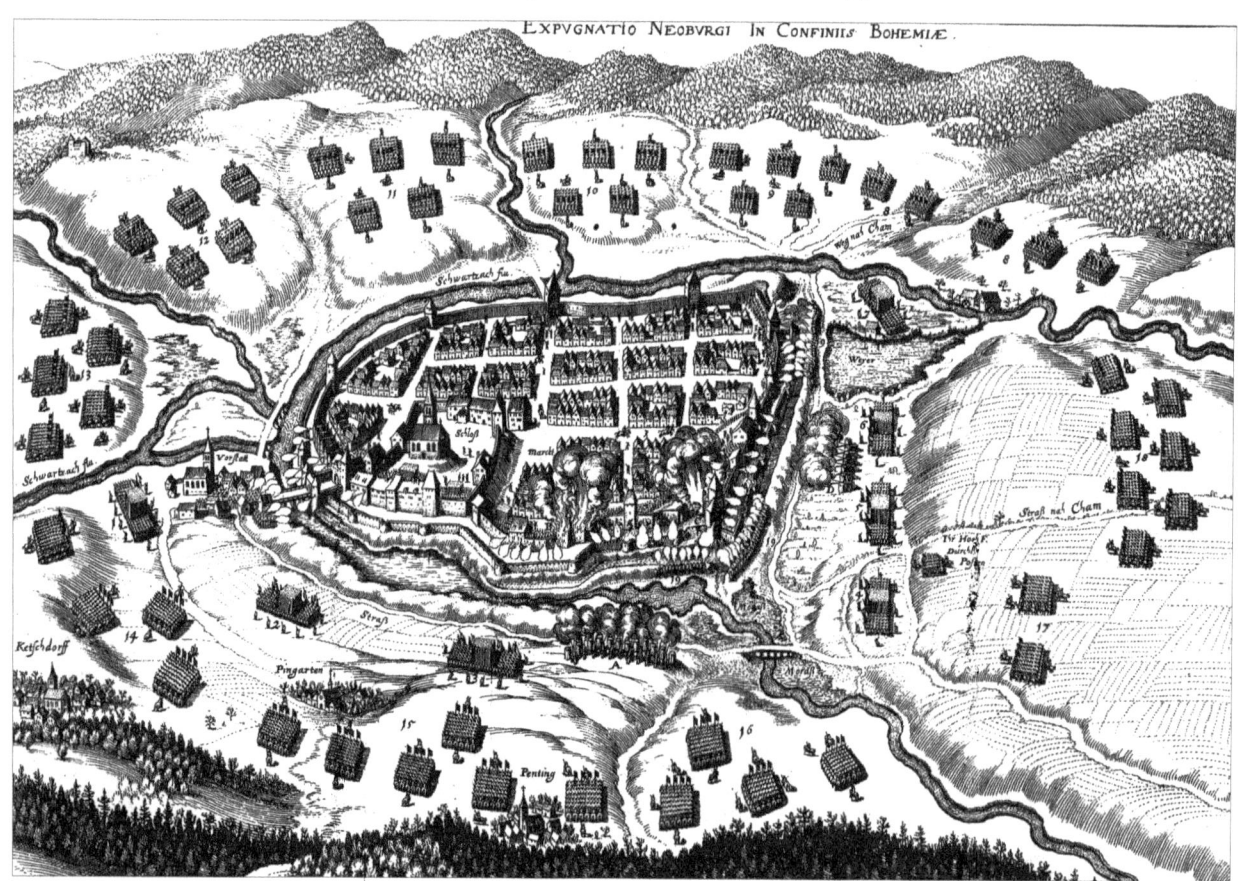

▲ *L'assedio di Newburg da parte degli imperiali dopo il fallito assedio di Ratisbona da parte svedese. M.Merian (Coll. dell'autore)*

galvanizzato nell'idea di poter chiudere positivamente il conflitto e con troppa presunzione e sufficienza non ammise la realtà delle cose.

Ma la pesante offensiva imperiale iniziata nel gennaio del 1640 forzò infine la ritirata svedese con il maresciallo Banér costretto suo malgrado a rivedere i suoi piani ambiziosi. Ostinatamente il comandante svedese cambiò idea quasi subito e fissò come obiettivo la linea del Danubio.

Il 16 maggio del 1640 egli si incontrò con un'armata alleata franco-assiana inviatagli a rinforzo nei dintorni di Erfurt ed ora poteva contare su di un esercito di 16.000 uomini.

Sfortunatamente per lui, Piccolomini gli sbarrava la strada a Saalfeld anche se con meno uomini, ma nel frattempo l'audacia di Banér aveva perso smalto ed egli, dinanzi alle opere di difesa e trinceramenti approntati dal Piccolomini, ebbe delle incertezze che gli fecero perder tempo prezioso. Intanto i soldati del generale senese erano stati raggiunti da un'armata più numerosa, guidata dal generale lorenese Mercy. A rapporto di forze grandemente invertito, lo svedese preferì fare dietro front e riparare indisturbato su Erfurt, che raggiunse il 23 giugno.

Pur sempre imbattuto, Banér riprogettò una nuova offensiva invernale. Il boccone scelto era di quelli segnati con la matita rossa: Ratisbona.

La grande città imperiale, in quel gennaio del 1641, per di più ospitava la dieta impegnata in discussioni, fatto che rendeva il tutto ancora più interessante e strategicamente rilevante.

Catturare città e "dieta" avrebbe forse cambiato le sorti del conflitto. Tuttavia al momento topico, Banér poté disporre di soli 10.000 uomini coi quali tentare l'impresa. Puntando comunque sulla sorpresa, l'esercito svedese comparve dinanzi alla città che nel frattempo, messa sull'avviso, si era dotata di una forte guarnigione.

Complice anche lo scioglimento anticipato dei ghiacci sul Danubio, l'impresa svedese appariva disperata, ed infatti Banér verso marzo ripiegò

▲ *Wittstock fu una delle battaglie più sanguinose dell'intera Guerra dei trent'anni*

su Bamberga. Gli imperiali decisero quindi di farla finita col terribile svedese mettendosi alle sue calcagna. Allo scopo raggrupparono un forte esercito al comando di Mercy, Piccolomini e dell'arciduca Leopoldo, fratello del nuovo imperatore Ferdinando III (questa pressoché infinita capacità degli Asburgo a riassettare armate di continuo fu certo l'elemento che permise alla guerra una durata tanto prolungata). Questi 21.000 uomini e 40 cannoni dovevano chiudere la partita con Banér, ma riuscirono solo ad intercettarne la retroguardia a Newburg, che si immolò nella cittadina bavarese per permettere la fuga al resto dell'armata, la quale si fermò soltanto nella lontana Halberstadt. Qui Banér incontrò il duca Giorgio di Brunswick Luneburg e con lui iniziò una serie di trattative. Piani che termineranno il 20 maggio del 1641 senza alcun costrutto, dato che, a causa di una non meglio precisata intossicazione alimentare, i due generali morirono entrambi. Scioccate dalla doppia perdita dei loro comandanti, le truppe sbandarono e fecero un nuovo ennesimo ammutinamento generale.

ET PRECE.

ET NECE.

▲ *Ritratto equestre del condottiero tedesco Bernardo Sassonia Weimar, comandante delle truppe svedesi prima e francesi poi*

LA GUERRA DI BERNARDO SASSONIA-WEIMAR

Con il suo alleato Banér lontano in Pomerania, Bernardo aveva in certo modo rinunciato all'intento di sommare le due armate per continuare la guerra, intento che probabilmente avrebbe dato i suoi frutti.

Invece, trovandosi isolato, era stato costretto a rimanere di qua dal Reno, e soltanto ai primi di agosto del 1637, dopo avere ottenuto alcuni piccoli successi sulle truppe lorenesi alleate dell'imperatore, passa il grande fiume a Rheinau, nella zona fra Breisach e Strasburgo.

Fu tuttavia continuamente molestato dagli imperiali del Piccolomini e soprattutto dai micidiali raids di cavalleria bavarese, ben diretti dal van Werth in comunione con la "guerriglia" lorenese. Bernardo quindi già a settembre ripassa nuovamente il Reno facendo ritorno in Francia.

Pone quindi i suoi quartieri invernali a Basilea, sollevando non pochi mal di pancia agli irredentisti svizzeri. Gli imperiali si assicurarono quindi il Württemberg, tuttavia essi ebbero a soffrire del tradimento di un loro ufficiale infedele che barattò la sicura posizione della fortezza di Bodensee con il duca Bernardo per 20.000 talleri.

Intanto la politica francese era stata sempre più esplicita con il suo mercenario: il soldato francese doveva innanzitutto difendere le frontiere ed il suolo sacro di Francia.

Richelieu era restio a concedere le sue truppe per operazioni sull'altra riva del fiume e, per contro, Bernardo ed il suo cuore tedesco si angustiavano di non poter dare anima e corpo alla liberazione della Germania e alla sconfitta degli usurpatori Asburgo. Quindi dal suo *buen retiro* elvetico, fece riposare le sue truppe, in buona parte formate dal suo corpo di origine, e decise infine di fare in autonomia la sua offensiva.

Partito da Basilea con 8.000 uomini, risalì il Reno e lo attraversò a Stein il 30 gennaio del 1638, occupò quindi l'indifesa Sackingen, e poi anche Waldshut e Laufenburg, assicurandosi in questo modo diversi ponti sicuri sul Reno.

Bernardo decise a questo punto di investire la fortezza di Rheinfelden che pose sotto assedio a partire dal 5 febbraio. Con una guerra di mine e contromine, riuscì nel corso del mese ad aprire un paio di grandi brecce.

Costretto dagli scarsi numeri del suo piccolo esercito e dai pochi cannoni a disposizione, pianificò allora l'assalto per i primi di marzo.

Sennonché un esercito imperiale alla guida del duca di Savelli si stava congiungendo con gli uomini del van Werth e di altri contingenti imperiali nella zona, con il chiaro intento di liberare l'assedio di Rheinfelden e contrastare l'azione nemica. Complice la forte differenza numerica e la

▲ *Tecniche d'assedio con le mine nel XVII sec. Stampa coeva*

39

▲ *Uniformi della fanteria francese, prima metà del XVII secolo. Incisioni ottocentesche di Philippoteausx, Deghoy e Delaville*

disposizione in due tronconi separati dell'armata di Bernardo dovuta alla presenza in quel punto di una doppia ansa del fiume, la battaglia che quel 28 febbraio ebbe luogo, rischiò di trasformarsi in una catastrofe per il Sassonia- Weimar, il quale, a prezzo di discrete perdite, dopo una giornata di cruenti scontri, ripiegò verso Laufenburg, rinunciando nel contempo all'assedio di Rheinfelden, che veniva così liberata e opportunamente rinforzata. Gli imperiali si sentivano al sicuro, ma non ebbero modo di godersi il successo. Infatti l'indomito duca Bernardo ebbe la forza d'animo di ritornare velocemente sulle sue posizioni e già il 3 marzo si ripresentò davanti ai suoi sorpresi nemici, che nel frattempo avevano commesso l'ingenuità di separarsi in svariate guarnigioni e accampamenti in una zona vasta attorno alla posizione di Rheinfelden.

Il Weimar ne approfittò immediatamente e si prese allora una sonora rivincita sconfiggendo irrimediabilmente le truppe che aveva davanti; il solo van Werth gli oppose una fiera resistenza, ma finì con l'essere catturato e fatto prigioniero dallo stesso duca e presto spedito in catene a Parigi, dopo che in un primo tempo si era pensato di "barattarlo" per il maresciallo svedese Horn, già catturato dagli imperiali a Nordlingen.

Gli imperiali lamentarono nello scontro oltre 500 perdite e 3.000 prigionieri fra cui, oltre al van Werth, anche il comandante Savelli, che si era ignominiosamente nascosto in un boschetto per sottrarsi alla cattura. Solo la fortezza rimase in loro mani, tuttavia dopo tre settimane di assedio anche la guarnigione di Rheinfelden capitolò, ottenendo però in cambio di potersi ritirare indisturbata su Breisach.

▲ *L'espugnazione di Rheinfelden di Vicente Carducho. Museo del Prado, Madrid*

L'ASSEDIO DI BREISACH

CHARLES IIII·DVC DE LORRAINE *Marchis Duc Et Cal Bar etc. fils de François de Vaudemont et de Christienne de Salen , fu*
premier armé fu emploiyé au secours de la Religion et de l'Emp: Fer din 2e. a la bataille de Prague contre le Roy de Boheme ou il
mena 4500 homes . Apres la 1 bataille de Lonfic où Duc passa le Rhon et se rendit le coeur des presces du Medici commandant l'arme
Imperiale confedeire contre eux. Il contribua beaucoup au gain de la bataille de Norlingue, et pres les Generaux Horn, et Gratz, pre son
Wirtemberg, combatit le Duc de Vuimar avec Rivel: du Rhin, lemquelus d'assiste Besencon, fut leve la siege le Duc, immediate
leuva une attaque de Filipou : et le Duc de Brisa: et mit en route l'armée françoisse à Dutlinguen. Ayant comandé en Allemagne verss Fild
laisserse arreste pour l'Emp: , et le Roy d'Espagne avec beaucoup de rigueur . Il a éspouse la Duchesse Nicole del'orraine sa cousine
germaine fille ainée de Henry Duc de Lorraine et de Bar et de Marguerite de Gonzague   *B. Moncornet exc avec pr ... du Roy*

▲ *Il duca Carlo di Lorena. Stampa coeva*

Di colpo il duca si era ritrovato signore di buona parte del corso del Reno ed ora aveva in animo di investire la grande fortezza di Breisach, una delle più munite ed importanti roccaforti a disposizione dell'impero nella zona.

Aveva allo scopo rinforzato il suo piccolo esercito arruolando, come era d'uso in quei tempi, i 3.000 prigionieri rimediati a Rheinfelden, ed ora aveva a disposizione poco meno di 10.000 uomini. Il nuovo imperatore Ferdinando III si allarmò parecchio all'idea di perdere questa importante fortezza renana. Provvide quindi ad emanare dispacci allo scopo di garantirne i soccorsi, e per la sua difesa, e per la eventuale liberazione da assedio. Intanto Bernardo, dopo aver inviato il suo luogotenente Taupadel a creare il massimo di confusione nella Foresta Nera e più su fino a Stoccarda, spostò il suo obiettivo sulla regione della Brisgovia, situata a sud del Württemberg e ad est dell'Alsazia.

La capitale di questa regione era Friburgo, città importantissima per la storia degli Asburgo che ebbero origine proprio da queste parti, ma di non uguale importanza strategica rispetto alla fortezza di Breisach sul Reno.

Comunque Friburgo venne parimenti investita dall'esercito del Weimar. Questa, difesa da solo 200 soldati e vari altri miliziani, si arrese l'11 aprile dopo una settimana di resistenza.

Tutti sapevano che Breisach sarebbe stata un osso assai più duro da mordere. Bernardo inviò quindi sollecite richieste di aiuto in uomini e denari (sperava almeno di recuperare parte dei sussidi già scaduti e reclamati) al cardinale Richelieu, dato che stimava necessario un esercito più numeroso per potere investire Breisach.

Nell'attesa dei rinforzi da Parigi, immediatamente si mise a formare una catena attorno all'importante fortezza, in modo da assicurarsi una doppia copertura: per l'assedio e per contrastare

il probabile arrivo di eserciti nemici. Difatti Il maresciallo Gotz, comandante dell'amata bavarese, era in quel mentre abbastanza inattivo in Westfalia. Fu invitato quindi a raggiungere il prima possibile la zona del basso Reno per ostacolare le manovre del Sassonia-Weimar, egli lasciò Dortmund il 21 marzo per portarsi a sud.

Per via radunò tutte le truppe che poté e in due mesi si trovò al comando di un'armata di ben 15.000 uomini nei dintorni di Nordlingen.

Queste truppe nell'immediato, misero sotto pressione ed in pericolosa posizione la brigata di Taupadel, che si era spinta troppo in là nella valle del Neckar. Bernardo a quel tempo aveva circa 16.000 uomini, essendo appena stato raggiunto dai rinforzi francesi tanto reclamati, guidati dal generale Guebriant. Fidando che Taupadel riuscisse in qualche modo a rallentare l'avvicinamento del Gotz, con il resto si accinse ad iniziare le opere ossidionali attorno a Breisach verso metà giugno. La grande e solida roccaforte sul Reno era difesa dal colonnello Reinach, un valente e coraggioso ufficiale che disponeva di 3.000 uomini supportati da ben 152 cannoni. Impossibile da piegare con un normale assedio, Breisach andava necessariamente presa per fame.

Gotz nel frattempo si era portato in zona ed elaborò un suo piano per sloggiare Bernardo. Questo consisteva nell'attirare il suo avversario, costringendolo per così dire a seguirlo nel suo progettato raid in Alsazia. Gotz venne invece inseguito dal solo Taupadel, il quale riuscì assai bene nella sua opera di disturbo. In più il comandante bavaro-imperiale non riuscì a sorprendere nessuna guarnigione e, dopo aver inutilmente vagato per quelle lande, e aver perso molto tempo prezioso, a metà luglio fece un mesto ritorno nel Württemberg, costretto a riorganizzare le sue truppe demoralizzate. Intanto in agosto, dopo aver rivolto nuovi pressanti appelli al cardinale, Bernardo ricevette altri rinforzi: 2.000 uomini guidati dal generale Turenne, soldato destinato a diventare uno dei leader militari più importanti degli ultimi anni del conflitto trentennale.

Questi arrivò a Colmar il 27 luglio e si congiunse con il resto dell'armata. Gotz intanto ostinatamente si riportava sotto.

Tutto l'Impero gli chiedeva di salvare Breisach e Bernardo, conscio di non potere chiudere l'assedio con questa perenne spada di Damocle costituita dall'armata bavaro-imperiale del Gotz, decise quindi di andargli incontro e intercettarlo.

Il nove agosto i due eserciti vennero a contatto nei dintorni del villaggio di Wittenweier.

Gotz nel frattempo, raggiunto dai 4.000 uomini del duca Savelli, era alle serie prese con la dislo-

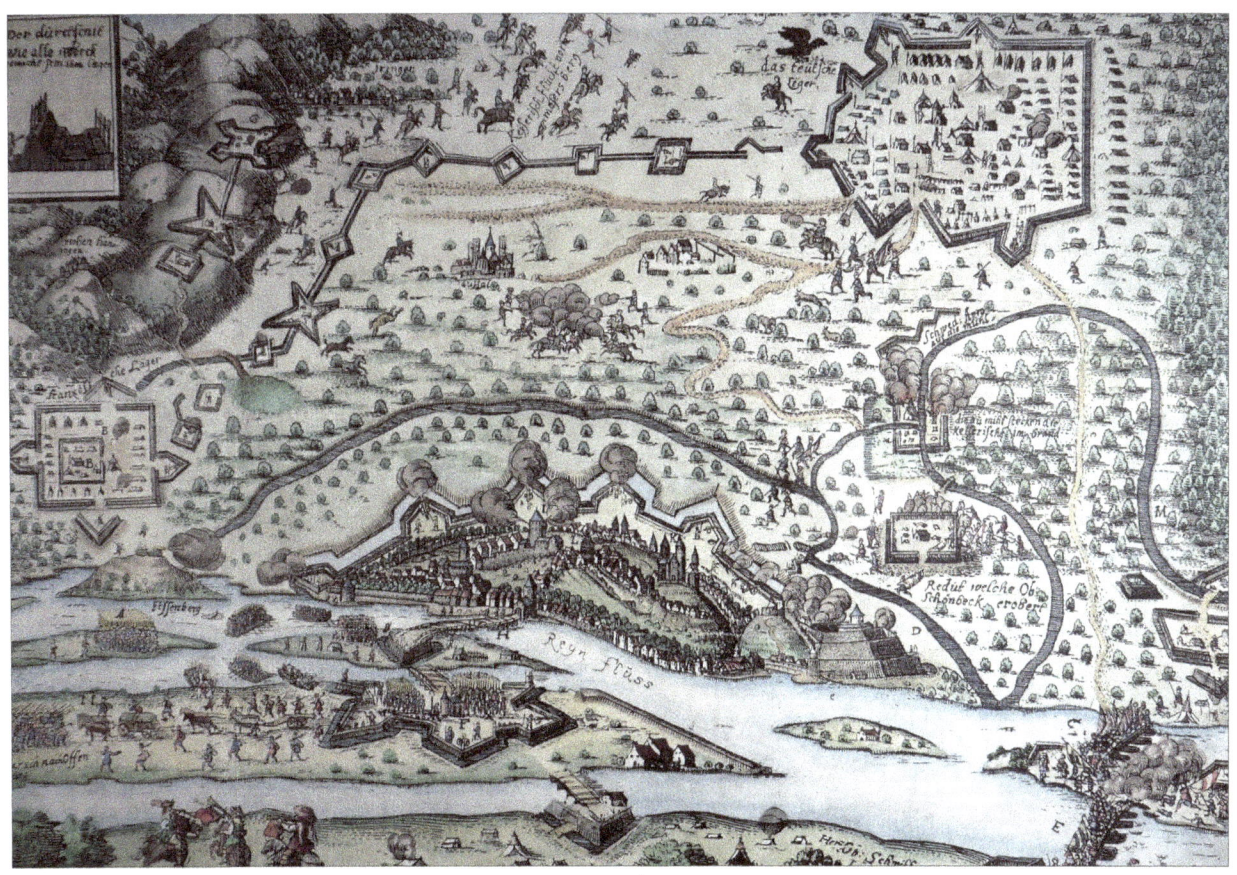

▲ *Assedio di Breisach dal maggio 1638 fino alla sua capitolazione il 17 dicembre*

cazione delle sue truppe, mentre Bernardo, già pronto, si era messo in posizione per una imboscata. Lo scontro che ne seguì fu numericamente più corposo della battaglia di Rheinfelden, circa 16.000 uomini per parte.

Tuttavia questo non ebbe, chissà perché, i "galloni" di una vera e propria battaglia, ma piuttosto quello di una gigantesca zuffa, in qualche modo avvenuta casualmente. Lo scontro si accese principalmente sul lato tenuto da Savelli; questi, come era già avvenuto a Rheinfelden, oppose una ben scarsa resistenza e le sue truppe andarono in rotta in poco tempo di fronte al nemico.

Gotz, lasciato solo, vista la situazione disperata, mostrò una sorprendente energia leonina: personalmente si pose alla guida di quattro reggimenti di corazzieri ed improvvisò una furiosa carica.

Incredibilmente, tanta audacia fu premiata e l'attacco fu un successo. Taupadel, investito in pieno, cedette e venne persino catturato.

Poi fu la volta del centro di Bernardo ad essere investito da questa furia: in questa occasione Gotz riuscì a recuperare anche cinque cannoni, a girarli e far fuoco sui nemici.

Tuttavia il rapporto di forze ed il valore delle truppe del Weimar alla fine si fecero sentire ed

▲ *Breisach fu già oggetto di scontri sin dal 1633 quando venne conquistato dal duca di Feria. Tela di Jusepe Leonardo. Prado, Madrid*

JOHANN VON WERTH 1595-1652

Questo valoroso generale tedesco di cavalleria nacque nel 1595 a Büttgen nel ducato di Jülich da una famiglia della piccola nobiltà locale. Giovanissimo, lasciò casa per seguire la carriera militare al servizio spagnolo.

Nel 1622, durante l'assedio di Jülich si guadagnò i galloni di tenente. Fu poi promosso colonnello di cavalleria nell'esercito Bavarese nel 1630.

In tale posizione divenne subito noto come un comandante rapido e terribile nelle sue leggendarie incursioni di cavalleria.

Combatté con onore a Nördlingen (1634), dopo di che l'imperatore gli concesse titoli e premi.

Nel 1635 e 1636 le sue incursioni si spostarono nella Lorena, nel Lussemburgo ed infine nella Francia del Nord-Est.

Ancora oggi sono ricordate le sue gesta in quella terribile campagna di Francia e fanno parte delle canzoni popolari usate dalle donne di una certa età per spaventare i loro nipoti più discoli, prospettando loro la venuta del sanguinario fantasma di Giovanni de Werth.

Nel 1638 sconfisse le truppe del Weimar vicino a Rheinfelden, ma subito dopo fu fatto prigioniero. Le sue speranze di essere scambiato con il maresciallo di campo svedese Horn andarono presto deluse, dato che venne consegnato prigioniero ai francesi. Subito portato a Parigi, per la soddisfazione di tutta la popolazione, che finalmente ebbe la possibilità di vedere il diavolo in gabbia. Quando finalmente viene liberato nel 1642 ritorna sul campo come generale di cavalleria nell'armata imperiale.

Nel 1643 agli ordini di Mercy contribuirà notevolmente alla vittoria di Tüttlingen, successivamente avrà parte attiva anche nella battaglia di Freiburg. Presente il giorno della seconda battaglia di Nordlingen, Werth ebbe in quell'occasione il comando dell'esercito e fu nominato maresciallo di campo a seguito della morte in

▲ *Ritratto equestre del generale Johann Von Werth, forse il più famoso raider dell'intero conflitto*

battaglia del maresciallo Mercy, ma fu presto sostituito nel comando dal generale Geleen.

Nonostante Johann Von Werth, fosse estremamente deluso di questa scelta, rimase comunque sempre fedele alla sua fazione.

Nel 1647 ebbe pesanti screzi con l'elettore bavarese, al seguito del quale fu costretto alla fuga, trovando rifugio in Austria.

L'imperatore che provava per lui sincera e devota ammirazione, ordinò all'elettore che perdonasse il focoso generale. Dopo un'ultima campagna nel 1648, Werth chiuse la sua attività militare.

Morì carico di glorie il 12 settembre 1652 nel suo castello nel Benátky nad Jizerou vicino alla città imperiale di Königgrätz.

ebbero la meglio. Esaurita la propria spinta e ridotto i suoi a soli 2.000 uomini, Gotz verso le 10 di sera, approfittando della oscurità incipiente e della nebbia della battaglia, fuggì dal campo.

Gli imperiali bavaresi contarono 1.500 perdite, altrettanti prigionieri, 83 bandiere e molti cannoni. Savelli venne richiamato a Vienna e rischiò seriamente la corte marziale.

Bernardo ebbe 700 fra morti e feriti, 40 bandiere perse e il suo luogotenente Taupadel fatto prigioniero. Quanto a Gotz si può dire che difettasse in acume tattico e strategico, compensato tuttavia da abbondante determinazione e coraggio.

Egli nonostante le enormi perdite appena subite, si mise immediatamente a riorganizzare le truppe per ritentare la liberazione dall'assedio di Breisach. L'assediò era intanto iniziato in piena regola, la città completamente circondata e tagliata fuori da ogni aiuto esterno dovette sopportare le sofferenze più terribili.

Ogni briciola di pane fu presto esaurita, ogni animale (cavalli, cani, gatti e persino i topi) fu macellato e divorato. I più sfortunati in questa spaventosa carestia furono ovviamente i prigionieri del Weimar che, ridotti a scheletri, disperati e malati, non ebbero la possibilità di gustarsi nemmeno dei topi arrosto! Nonostante questi orrori, il colonnello Reinach non voleva sentire parlare di resa e ancora confidava nella liberazione della fortezza. Verso ottobre, l'indomito Gotz ricevette i rinforzi da parte del duca di Lorena e di altri contingenti ed ora poteva contare su un esercito agguerrito di 20.000 soldati. Tuttavia l'incapacità manovriera di Gotz impedì anche stavolta di operare con successo.

Bernardo approfittò di queste inettitudini ed investì gli avversari separatamente, alla maniera napoleonica con due secoli d'anticipo. Incappò per primo nello sfortunato duca di Lorena, al quale inflisse una severa disfatta nello scontro di Traun il 15 ottobre. I lorenesi non ebbero a contare molte vittime, ma persero 600 uomini fatti prigionieri, con tutti i cannoni, armi e bagagli e 44 stendardi! Gotz, ignaro di quanto accaduto al suo alleato, proseguì nella sua offensiva ed il 22 ottobre si presentò con 14.000 uomini davanti alle linee di trincee nemiche di fronte a Breisach. Il prode duca, con una serie di violenti attacchi e contrattacchi che durarono fino al 24 ottobre, ebbe alla fine la meglio sull'indomito ma sfortunato Gotz, che nell'occasione perse 1.000 uomini, più altrettanti fatti prigionieri.

Era la fine per Breisach.

Il mese di novembre passò in relativa calma, a parte qualche scaramuccia. La situazione all'interno della fortezza era sempre più tragica, una vera catastrofe naturale: finiti i ratti, pare si fossero verificati anche atti di cannibalismo, con la gente spinta alla demenza dai morsi di una terribile fame. Bernardo offrì le migliori condizioni di resa all'ostinato Reinach e finalmente il 17 dicembre questi le accettò.

Bernardo garantì loro la libera uscita dalla fortezza con le loro bandiere e due cannoni.

Quelli che apparvero agli occhi dell'esercito assediante non erano più uomini, ma ombre e larve di individui. Se possibile immaginare di peggio, questo fu la vista dei miserabili resti dei prigionieri di Bernardo Sassonia-Weimar.

Bernardo cinicamente si rimangiò presto le concessioni promesse e dopo la tragica parata imprigionò all'istante il Reinach ed i suoi uomini. Dei circa 4.000 abitanti, solo 150 sopravvissero all'assedio, durante il quale i cimiteri dovevano essere sorvegliati in modo che nessuno disseppellisse i morti allo scopo di mangiarli. I prezzi del pane e del vino raggiunsero prezzi incredibili. 3 chili di pane e 1 litro di vino per un anello di diamanti.

Il prezzo per un topo era un fiorino, un cane costava 7 fiorini. I prigionieri subirono la sorte peggiore. Si dice che trenta di loro siano morti di fame e otto siano stati mangiati! Pare fosse questo il vero motivo della promessa rimangiata da parte di Bernardo Sassonia-Weimar.

LA MORTE DI BERNARDO DI SASSONIA WEIMAR

La conquista dell'importante piazzaforte, insieme con le vittorie di Rheinfelden costituirono per il duca l'apice della sua gloria militare. Contemporaneamente, Banér scorazzava in Boemia e Slesia ed insieme, se pur lontani, questi due comandanti avevano riportato in auge i colori dei nemici dell'imperatore.

Bernardo trascorse allora diversi mesi a consolidare le conquiste appena effettuate, e rinforzò grandemente la guarnigione di Breisach con 3.000 uomini. A questo punto, a complicare le cose si inserirono le pretese francesi.

Richelieu, da un lato era soddisfatto degli esiti militari, dall'altro si preoccupava che essi andassero soprattutto a vantaggio della Francia.

Iniziarono quindi lunghe contestazioni, spesso con futili pretesti, per la revisione dei precedenti accordi intercorsi fra Bernardo e la corte di Francia. Richelieu, ad esempio, pretendeva la consegna immediata della fresca conquista di Breisach, adducendo l'insostenibile tesi che tale città non facesse parte dell'Alsazia, ducato questo già promesso al duca. I rapporti con la Francia si fecero perciò sempre più tesi e Bernardo in qualche modo si garantì circondandosi solo di soldati fidati e allontanando in parte i contingenti francesi, in modo che gli stessi non potessero costituire alcun pericolo di rivolta. Ferdinando III cercò di approfittare immediatamente della nuova situazione e mandò in ambasciata presso il duca, fra tutti quelli di cui disponeva, proprio lo "sconfitto", il generale duca di Savello.

Questi fu latore di una generosa proposta da parte imperiale, in cambio di una sua adesione alla pace di Praga. Il "figlio tedesco" poteva far ritorno alla sua patria con tutti gli onori.

Offeso e indignato, Bernardo rispose che non gli si poteva infondere una lezione di patriottismo da parte di uno che parlava e pensava in italiano!

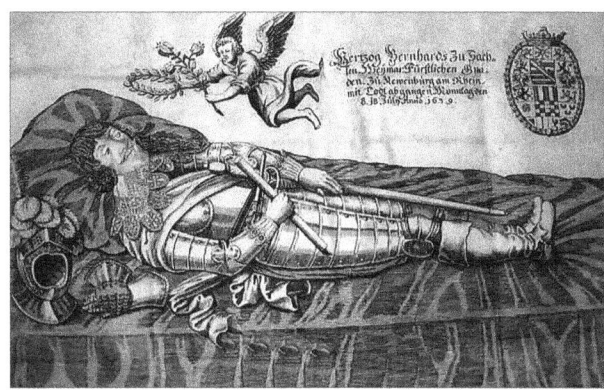

▲ *Il catafalco funebre di Bernardo di Sassonia Weimar da Rerum in Gallia, Belgio, di G.Schedlero (Collezione dell'autore)*

Tagliando corto, Bernardo respinse allora tutte le offerte e nel febbraio del 1639 instaurò una specie di dittatura del basso Reno, in contrasto sempre più evidente anche con la Francia.

Gli ultimi atti del duca furono la preparazione di una nuova offensiva in azione combinata con il Banér. Egli progettò quindi per l'estate di ripassare nuovamente il Reno ed invadere la Germania meridionale. Fu proprio qui durante il passaggio del fiume a Neuenburg che il suo stato di salute, già compromesso da febbri costanti, si aggravò irrimediabilmente ed il giorno 18 luglio 1639 il giovane duca morì serenamente fra le braccia dei suoi soldati, non senza aver avuto il tempo di dettare il suo testamento.

Lasciava il comando delle truppe al suo sottoposto il generale di origine svizzera Erlach ed indicazioni complesse relative all'eredità del suo "feudo" renano, concedendolo in certo senso al miglior offerente fra suo fratello Guglielmo, la Svezia, il conte Palatino, l'Imperatore o la Francia. Fu appunto quest'ultima che, con un modesto appannaggio di 400.000 talleri, "comperò" tutta la vasta regione comprendente la zona renana, l'Alsazia, Basilea e ben 17.000 combattenti. Questi e la prematura morte di Bernardo furono uno dei migliori affari di Richelieu, non a caso fortemente sospettato di aver deliberatamente avvelenato il povero duca di Sassonia Weimar, uscito di scena a soli 35 anni.

▲ *Uniformi della fanteria francese, prima metà del XVII secolo. Incisioni di Philippoteausx, Deghoy e Delaville*

Theatrum Europaeum
il Giornale del tempo...

In questo numero: Gli svedesi tentano di disturbare la dieta di Ratisbona del G.Priorato

Mandato imperiale contro il saccheggio dei soldati del Duca Savelli

SUEZZESI TENTANO DI DISTURBARE LA DIETA DI RATISBONA

Dell'Historia di Gualdo Priorato Galeazzo volume terzo cit. pag. 5

La felicità con la quale s'incamminavano gli interessi dell'Imperatore nella Dieta di Ratisbona, diede a pensare agli svedesi, in modo con cui potessero turbare quella conclusione, che doveva essere non poco contraria a loro voleri, e se bene la rigidezza della stagione non permetteva, che si capitasse a maggior novità: tuttavia essendosi nell'assemblea tenutasi dai protestanti a Hidelshain, (mediante le istigazioni, e li denari contribuiti da Francesi) terminato di turbare con improvvisa marcia la detta Dieta di Ratisbona, e inquietare li quartieri dell'inverno dove gl'imperiali si restauravano molto comodamente: incamminatosi il generale Banér nella Turingia: partì da contorni di Erfurt con dieci mille fanti, e altre tanti cavalli, parte dell'esercito svedese, e parte di quello del duca di Brunswick, e con molta celerità prese la marcia per li confini della Franconia, e del Voitland,

▲ *Le diete erano sempre delle riunioni della massima importanza e tutti i convenuti manifestano negli usi e nei costumi tale solennità come ben evidenziato in questa tavola che mostra la magistratura e la guardia civica di Norimberga in una riunione del 1629*

e avanzatosi nel Palatinato superiore con grandissimo terrore di que popoli, e senza opposizione de nemici si portò sotto la città d'Amberg Metropoli di quella provincia, per espugnarla: ma trovatala con sufficiente presidio, n'essendo la stagione comoda, ne il suo campo provvisto del necessario per un lungo assedio, senza perdervi il tempo sotto, soprese con poco sangue la terra di Neumarch, e lasciatovi il sergente generale Scelang con tremila cavalli s'inoltrò verso Camb, città della istessa provincia, a confini della Boemia, quale fu in pochi giorni superata: mentre le sue truppe disperse in vari luoghi del Palatinato saccheggiavano, e depredavano ogni cosa, scorrendo la cavalleria svedese fino appresso ratisbona, lontana solamente otto leghe da Camb, dove il Banér piantò il suo quartiero generale, allargando la sua gente per maggior comodità nelle terre vicine e circoncivine. Questa improvvisa marcia ed invasione, intrapresa con tanto ardire dal Banér, e in stagione si contraria al campeggiare, acrebbe tanta reputazione all'arme svedesi, che spaventati gli assistenti nella Dieta di Ratisbona, essendo la maggior parte ministri non avvezzi a rumori della guerra, che dubitando d'essere quivi assediati sussurravano di volere partire, e prima, che più oltre gli svedesi si portassero, ricoverarsi fuori delle confusioni militari: ma l'Imperatore, che aveva già più volte veduta la fronte dei nemici in campagna, confortando quei ministri a restare appresso di lui con animo costante non ritardò punto la continuazione delle proposte principiate. Ma fatta accrescere la guardia della città colle reggimenti del Colonnello Hertz, e due altri de dragoni, e di corazze, non mancò alla diligenza convenevole per rendere vani simili tentativi. Furono spediti subito per quella frontiera il reggimento di fanti del marchese di carretto, quelk di cavalleria dell'arciduca Leopoldo con altri due de dragoni delli colonnelli Rublendere e Gallo: e perché gli svedesi erano padroni della campagna senza impedimento, e potevano entrare liberi in Boemia, fu provveduta Egra di dieci reggimenti fra fanti, e cavalli, e altre truppe vennero introdotte in Praga, e per ogni altro luogo si fecero le provvigioni convenienti per schermirsi da maggiori tentativi, essendo pensiero degli Austriaci con questi quartieri rinforzati non solo

guardare le frontiere: ma con frequenti sortite, e scorrerie molestare in modo gli svedesi, che per mancanza di viveri, e de foraggi fossero necessitati a ritirarsi.

UN MANDATO DELL'IMPERIALE MARESCIALLO DI CAMPO DUCA DI SAVELLO, CONTRO IL SACCHEGGIO PERPETRATO DAI SOLDATI

Heilbronn, 1638, giugno 12. Da una copia di documento coevo pubblicato in Storia della Guerra dei trent'anni di G.Winter cit. a pag 565

Noi Federico duca di Savello, ecc, barone romano, consigliere aulico di guerra di S. Maestà l'imperatore romano, tesoriere, maresciallo di campo generale in carica, con questo avvertiamo che, essendo venuto da troppe parti a nostra cognizione che, con grandissimo pregiudizio dell'illustrissimo nostro signore S. Maestà l'imperatore romano, e dell'interesse di tutto il Sacro Romano Impero, forti drappelli da vari reggimenti dell'esercito sottoposto al comando del

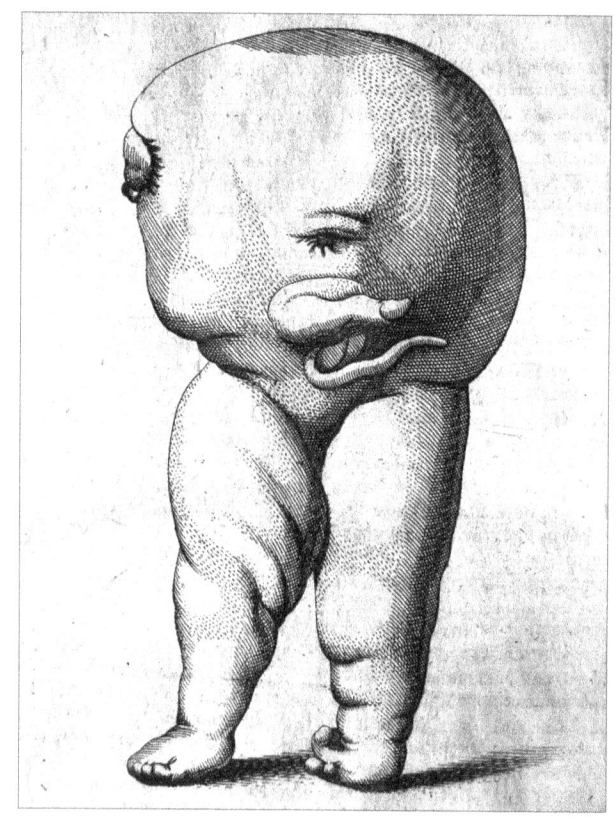

signor maresciallo di campo generale conte di Gòrtz [Gorizia], ecc, si siano fatti vedere in molti luoghi del S. Impero, rendendo malsicure le strade, depredando, svaligiando le persone senz'alcun riguardo, completamente impedendo e impossibilitando i commerci necessari, e praticando pure, contrariamente a ogni vera disciplina militare, ogni specie di abbominevoli insolenze. Perciò con questo a lui, nonché agli altri comandanti e alla soldatesca sotto il nostro comando notifichiamo e strenuamente raccomandiamo, e gli altri debitamente esortiamo, acciocché provvedano, che in tutte le città, borghi, castelli, villaggi e simili, come che si chiamino, del Sacro Romano Impero, di Svevia, Franconia e Wurtemberg, eppure di altri luoghi e paesi; vengano arrestati, imprigionati, e i recalcitranti puniti e trattati e dichiarati come fuori legge, tutti coloro del sopraccennato esercito che fossero sorpresi sulle strade od altri luoghi senza essere muniti di un passaporto nuovo recante la data dell'otto di questo mese, e rilasciato dal signor maresciallo di campo generale conte di Gotz, ecc, dai signori generali ufficiali d'ispezione Horst e Schnetter, o da noi. Che ognuno provveda. Sig. Heilbronn il dodici giugno anno 1638. duca Federico di Savello.

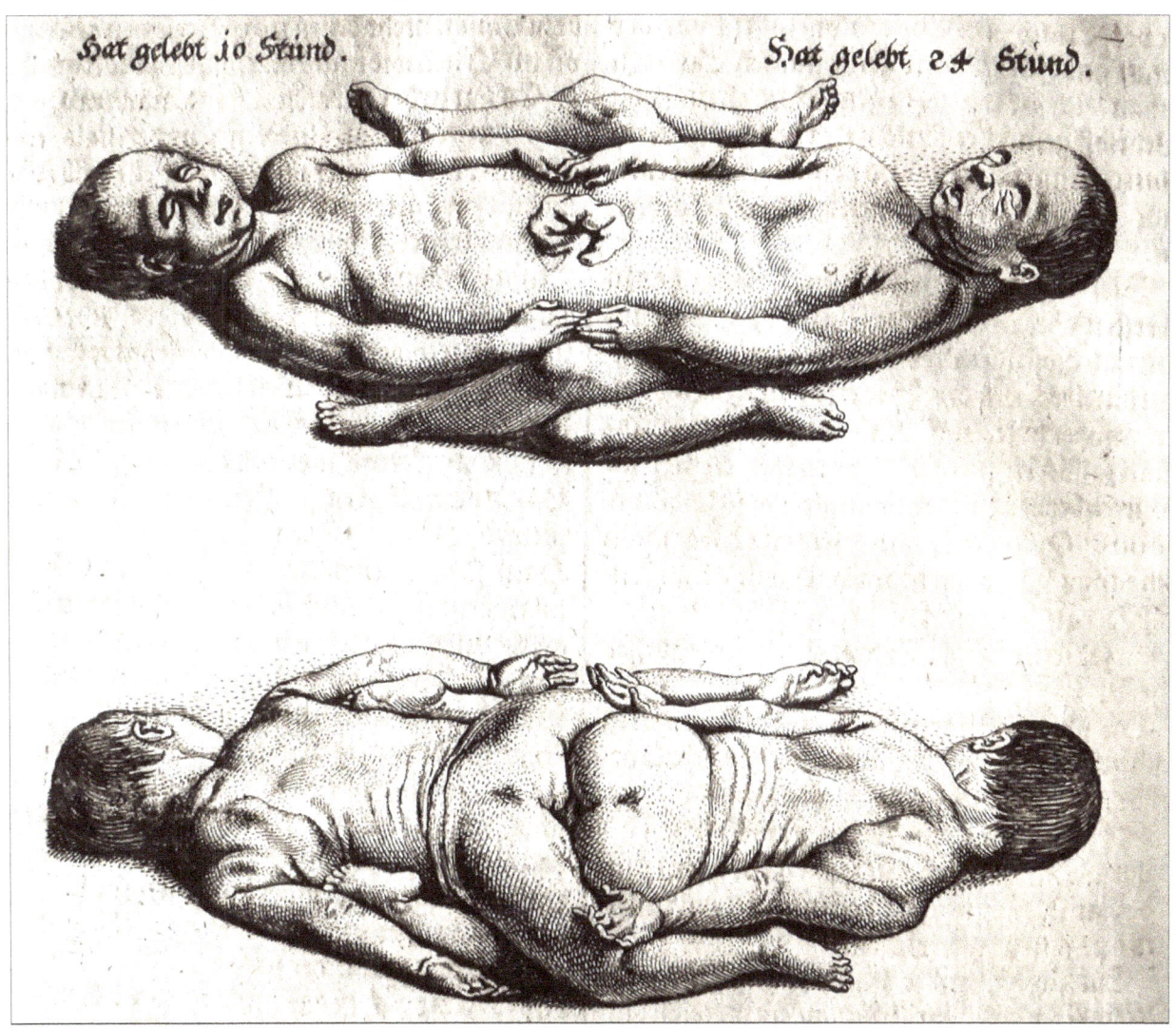

◄ ▲ *Le condizioni di vita in tutta Europa ma soprattutto in Germania si erano talmente degradate durante la Guerra dei trent'anni che molti libelli pubblicarono gli "effetti" disastrosi che la fame, la miseria e la malattia portate dalla guerra avevano sulla popolazione inerme. M.Merian da Theatrum Europaeum (Collezione dell'autore)*

PIETER PAUL RUBENS 1577-1640

Rubens nacque a Siegen, in Westfalia, nella Germania del nord, il 28 giugno 1577 da Jan Rubens, avvocato fiammingo calvinista, e da Maria Pypelynckx. Trascorse l'infanzia a Colonia dove il padre si rifugiò con la famiglia per sfuggire alla persecuzione spagnola contro i protestanti. Dopo la morte del padre, nel 1587, la madre rientra con i figli ad Anversa. Nella città fiamminga Rubens ricevette una educazione umanista grazie allo studio del latino e della letteratura classica, e dove apprende la conoscenza di ben sei lingue vive, oltre al greco e al latino.

Sempre ad Anversa si convertì al cattolicesimo. Inizia in quegli anni il proprio apprendistato di pittore nelle botteghe di locali artisti fiamminghi influenzati dal manierismo italico.

Fra essi il più importante fu Tobias Verhaecht (1561-1631). In seguito, com'era costume per gli artisti nordeuropei del tempo, Rubens viaggiò in Italia, considerata centro e culla dell'arte europea. Giunto a Venezia e poi a Roma nel 1600, fu particolarmente suggestionato dai dipinti di Tiziano, Veronese, Michelangelo e Raffaello, nonché dalle sculture classiche greco-romane.

Rubens quindi si pose al servizio della corte mantovana per quasi nove anni presso Vincenzo Gonzaga, per il quale eseguì numerose opere originali. Nel 1609, fa finalmente ritorno nelle Fiandre dove presto diviene pittore di corte dell'arciduca Alberto, viceré dei Paesi Bassi.

Tra il 1622 e il 1630 Rubens viene mandato in giro per l'Europa con incarichi diplomatici.

Durante una visita alla corte di Francia nel 1622, la regina Maria de Medici gli commissionò una serie di 21 grandi dipinti allegorici ispirati alla propria vita, ora conservati al Louvre di Parigi.

Inviato successivamente a Madrid dal viceré dei Paesi Bassi tra il 1628 e il 1629, ricevette dal re di Spagna Filippo IV numerose commissioni ed incarichi di corte, esercitando, con le sue opere,

▲ *Rubens autoritratto. Kunsthistorisches Museum di Vienna*

◄ *Le tre Grazie, dipinto del 1639 esposto al museo del Prado a Madrid. È certamente fra i capolavori più noti del grande artista, e ci dice molto sui gusti estetici dell'epoca quando essere "in carne" rappresentava il top della forma e la dieta non sfiorava minimamente il pensiero delle donne*

una forte influenza sul giovane astro nascente lo spagnolo Diego Velázquez.

In occasione di una successiva missione a Londra, gli giunsero nuove commissioni, stavolta da re Carlo I, per il quale eseguì diversi dipinti e compose gli schizzi preparatori per il soffitto della Banqueting House a Whitehall Palace.

Nell'ultimo decennio della sua vita, trascorso nelle Fiandre, lavorò intensamente per gli Asburgo, oltre a ritrarre la propria famiglia e la bella campagna fiamminga.

Morì ricco e famoso ad Anversa, sua città d'origine, il 30 maggio del 1640.

▲ *Uniformi della cavalleria francese, prima metà del XVII secolo. Incisioni di Philippoteausx, Deghoy e Delaville*

CAPITOLO 10

LA FASE FRANCESE (1636-1643)
2ª PARTE: IL CROLLO DELLA SPAGNA

LA PRIMA CAMPAGNA DI FIANDRA

Nel corso del 1635 la posizione strategico-politica della Francia non era fra le più felici. Il tesoro, sottoposto ad onerosi esborsi per mantenere le guerre degli alleati era prossimo al collasso. Tumulti erano sorti un po' ovunque, promossi da ugonotti o anche solo da cittadini che provavano sempre più sulla loro pelle il morso della fame e della povertà.

Richelieu poteva fare fronte alle continue richieste di aiuto da parte dei suoi mercenari solo facendo un largo uso di diplomatiche promesse.

Ovviamente, molti nell'impero vedevano questa favorevole situazione come la migliore delle occasioni per chiudere una volta per tutte la partita con l'intruso cardinale francese.

Persino lo stanco duca di Baviera vi partecipò attivamente, aderendo al piano del Cardinale Infante che prevedeva una doppia invasione della Francia: a nord in Piccardia con le truppe dei paesi bassi spagnoli, sostenute dalla cavalleria del van Werth inviata da Massimiliano di Baviera.

In ausilio le truppe dirette dei generali italiani Piccolomini e Tommaso di Savoia-Carignano, mentre a sud un esercito imperiale guidato dal Gallas avrebbe dovuto investire la Franca Contea. Dagli accordi con la Svezia la Francia ottenne l'Alsazia e tutte le roccaforti sulla riva occidentale del Reno. Tuttavia in una audace sortita del 23 gennaio del 1635 la munitissima piazzaforte di Philippsburg venne sottratta alla Francia dal colonnello imperiale Bamberger.

Nel febbraio la Francia sottoscrisse un trattato di alleanza segreto con il governo olandese.

I termini dell'accordo prevedevano la formazione di un esercito per parte di 30.000 uomini, destinati ad invadere in una tremenda tenaglia i Paesi

▲ I Principi Maurizio e Federico Enrico d'Orange a Valkenburg Horse Fair nelle fiandre olandesi. Adriaen Pietersz. Rijkmuseum

Bassi spagnoli, appena se ne fosse presentata l'occasione. Allo scopo, l'araldo francese incaricato si recò a Bruxelles il 19 maggio 1635 per notificare ufficialmente l'inizio del conflitto contro la Spagna. Già pochi giorni dopo, l'esercito francese iniziava la sua l'invasione partendo dalle proprie basi poste nel Lussemburgo.

Il primo scontro si ebbe ad Avins, dove le più numerose milizie francesi ebbero la meglio su quelle spagnole. Lo scontro fu di piccola entità, tuttavia ebbe l'effetto di dare morale alle truppe francesi, le quali, poco dopo, si collegarono con i loro alleati olandesi nella cittadina di Meersen. Insieme progettarono quindi l'invasione del Belgio puntando diritti su Bruxelles.

Ma già a Lovanio, importante roccaforte del Brabante, le truppe alleate incontrarono le prime difficoltà. Il Cardinale Infante infatti stava in quei tempi raccogliendo un armata di ben 40.000 uomini condotti dai citati Piccolomini e Tommaso di Savoia. Nel luglio dello stesso anno i francesi furono quindi costretti a levare l'assedio della città, mentre contemporaneamente i loro alleati olandesi dovettero rinunciare alla presa di Malines. La spinta offensiva delle armate del cardinale Richelieu si era rapidamente esaurita, e presto le rinfocolate truppe spagnole recuperarono buona parte delle piazze perse nella prima fase del conflitto. Nel settembre addirittura essi passarono alla controffensiva ed invasero il nord della Francia. Il Cardinale Infante verso l'Artois, ed il principe Tommaso verso l'Hainaut.

Nel frattempo l'abile diplomazia del cardinale Richelieu permise alla Francia di procurarsi una forzata alleanza con la Savoia, procurando così non poche difficoltà al principe Tommaso, fratello del duca e fresco alleato del cardinale, che stava combattendo per la Spagna e che decise comunque di rimanere fedele alla parte da lui scelta. L'Italia rappresentava nei calcoli francesi un fronte di rilevante importanza. Era determinante raccogliere con le buone o con le cattive l'alleanza del maggior numero di stati e ducati presenti nella penisola: la Savoia e Venezia innanzitutto, oltre a Parma e Mantova e a garantirsi il controllo dei passi di Valtellina.

Per questa operazione in Valtellina venne inviato un collaudato generale di grande fede ugonotta, il duca di Rohan, il quale, più per il fatto di condividere la religione dei cittadini dei Grigioni che per reali capacità militari, riuscì a garantire al Richelieu la tenuta di quell'importante passaggio grazie ad una serie di fortunate vittorie.

Ma torniamo nelle Fiandre, dove a complicare la fortuna di Francia ci si misero anche delle incomprensioni con gli olandesi, sospettati da questa di connivenze con i cattolici dei Paesi Bassi.

Il 1635 si chiudeva perciò, con i belligeranti ad occupare grosso modo le medesime posizioni di partenza della campagna militare.

L'INVASIONE DELLA PICCARDIA

La brutta stagione, come d'abitudine, obbligava gli eserciti ai quartieri invernali e nelle Fiandre si sperava in qualche cosa di utile dalle consuete manovre "oscure"alla corte di Parigi.

Le fronde non erano mai state completamente debellate. Il fratello del Re, Gastone duca d'Orleans, Luigi di Borbone e altri non avevano rinunciato a spodestare Luigi XIII ed il suo intrigante primo ministro cardinale.

Questi ultimi intanto potevano consolarsi solo con le buone notizie provenienti dalla Valtellina, dove il duca di Rohan nel novembre del 1635 inflisse una severa sconfitta agli imperiali presso Bormio e, soprattutto, con la grande vittoria di Wittstock, ottenuta dal loro alleato svedese, il prodigioso generale Banér.

Il 1636 iniziava pertanto con i preparativi bellici da parte di entrambe le armate contendenti.

Il Cardinale Infante tuttavia ritardava nella preparazione dell'offensiva verso il nord della Francia, privando così il piano di buona parte della sua efficacia. Questo prevedeva, come già

▲ *Il Principe Tommaso Francesco di Savoia Carignano nel celebre dipinto del van Dick. Galleria Sabauda, Torino*

▲ *Sergente di fanteria e tamburino imperiale (reggimento Colloredo). Tavola di Luca Cristini*

anticipato, la contemporanea invasione da parte dell'esercito spagnolo e Paesi Bassi, alla guida del Cardinale Infante, coadiuvato da Tommaso di Savoia, dall'armata imperiale capitanata dal Piccolomini e dall'esercito bavarese o della lega cattolica sotto il comando di van Werth.

Il Cardinale Infante era ovviamente cosciente che gli olandesi erano nell'impossibilità di attuare qualsivoglia offensiva nei confronti del suo territorio, tuttavia, a scanso di equivoci, una piccola armata spagnola al comando del generale Feria fu dislocata nel Brabante a prevenire eventuali attacchi del Principe d'Orange.

Pertanto, 32.000 uomini entrarono in Francia investendo per prima la città di La Chapelle, che resistette all'assedio solo cinque giorni; il nove luglio infatti 670 uomini si arrendevano a Tommaso di Savoia. La piazza persa non era delle più importanti, tuttavia i francesi ne furono scossi e,

allarmati, fecero quindi pressioni sugli olandesi perché iniziassero la loro offensiva nei confronti del Belgio. Comunque l'invasione spagnola continuò ed altre città furono assediate o costrette a versare pesanti riscatti; le soldataglie al seguito dell'esercito imperiale, soprattutto i croati, fecero assaggiare il terribile e agro gusto della guerra anche ai finora pacifici villaggi francesi.

Dopo La Chapelle, fu la volta di Catelet e Bohain. Ora sulla strada di Amiens a sbarrare la strada agli invasori si presentava l'importante fortezza di Corbie che, sottoposta ad un pesante assedio, accettò le condizioni di resa il 14 agosto del 1636. Con essa, gli spagnoli occuparono buona parte del territorio della Somme e dell'Oise, costringendo gli sconfitti eserciti francesi a ripiegare sulla capitale Parigi. La cavalleria del van Werth dilagò nella campagna francese, rubando devastando e incendiando tutto il paese.

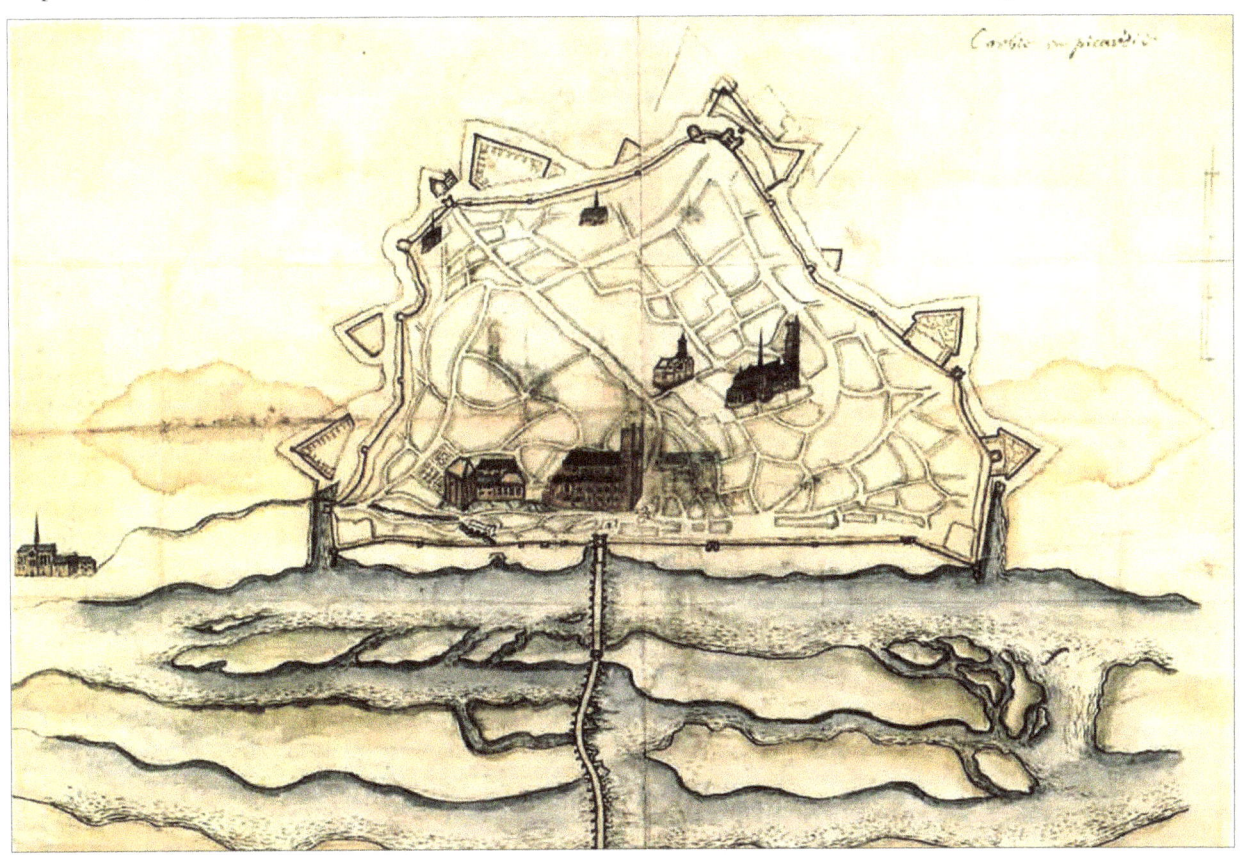

▲ *La piazzaforte di Corbie arresasi alle forze spagnole il 14 agosto 1636*

Le sue avanguardie si spinsero addirittura fino a Compiègne, a pochi chilometri dall'allarmata capitale francese. Il quattro agosto lo stesso re Luigi XIII scese ad arringare personalmente i suoi soldati e i suoi generali in questo momento così difficile per le sorti della Francia. Tuttavia tanto allarmismo non era del tutto giustificato, dato che le puntate effettuate dalla cavalleria bavarese e croata erano composte da piccoli contingenti staccatisi dal grosso dell'esercito, tuttora impegnato nell'assedio di Corbie.

Il Cardinale Infante infatti, non riteneva prudente superare la linea dell'Oise, senza avere prima organizzato tutte le linee arretrate ed aver liberato il vasto territorio occupato dal pericolo delle varie milizie e guarnigioni ancora presenti.

Altri motivi che fermarono l'offensiva furono derivati dalla buona resistenza opposta da Bernardo di Weimar all'esercito guidato dal Gallas e dal ritiro dell'esercito bavarese, chiesto dal duca Massimiliano in persona per far fronte alla contemporanea offensiva nemica proveniente dall'Assia. Le fortune imperiali poterono comunque gioire del fallimento della campagna del duca di Rohan in Valtellina, costretto ad una fuga definitiva.

A settembre intanto già si delineava sullo sfondo la riscossa francese.

Il cardinale Richelieu, messo nell'angolo, reagì con tanta energia da predisporre opportune contromosse. Gli riuscì di arruolare una buona armata, che pose al comando del conte di Soissons. Questi, con un numero di uomini ritenuto necessario e sufficiente, ebbe l'ordine di riconquistare tutti i territori perduti ed in effetti, con il numero dalla loro, costrinsero nuovamente l'esercito spagnolo sulla difensiva.

Tommaso di Savoia completò le fortificazioni di Corbie, ben sapendo che i francesi avrebbero fatto di tutto per recuperare l'importante piazzaforte.

A complicare le cose, ci si misero le piogge pesanti del periodo e una nuova epidemia di peste, che decimò le esauste milizie spagnole.

▲ *Generali imperiali durante gli assedi del nord della Francia*

L'esercito del re di Francia intanto si era avvicinato e aveva posto sotto assedio a sua volta la fortezza di Corbie, la quale si arrese il 10 di novembre, dopo un accordo con la guarnigione locale grazie al quale essi poterono liberamente raggiungere le proprie linee.

Si trattava di circa 1.500 uomini quasi tutti in buone condizioni, cosa che costò loro aspri rimproveri appena rientrati nei loro ranghi da parte del loro comandante il Cardinale Infante per aver abbandonato la posizione senza combattere. Il cardinale Richelieu fu grandemente soddisfatto del risultato, tanto da ordinare un solenne *Te Deum* nella cattedrale di Amiens; dopo di che tutti gli eserciti nella zona si disposero finalmente nei loro quartieri d'inverno.

LE FASI DELLA GUERRA DEI 30 ANNI – CRONOLOGIA

Cronologia Fase francese. Il crollo della Spagna (1635-1648)

Episodi, battaglie e diete, oltre che principali fatti artistici, scientifici o letterari riportate in ordine cronologico. Con asterisco sono indicate le vittorie protestanti.

1635, 19 maggio: la Francia e spagna in guerra.

1635, 22 maggio: ha luogo il combattimento di Avins fra francesi e spagnoli*.

1635, 4 luglio: i franco olandesi costretti ad abbandonate l'assedio di Lovanio.

1636, 9 luglio: gli spagnoli prendono La Chapelle

1636, 14 agosto: la importante fortezza di Corbie si arrende agli spagnoli.

1636, 10 Novembre: i francesi riconquistano Corbie

1637, 7 ottobre: gli olandesi riconquistano la città di Breda persa 12 anni prima*.

1638, giugno: fallito assedio di Anversa e disfatta olandese a Kallo.

1638, 24 luglio: fallito assedio francese a St.Omer

1639, 7 giugno: ha luogo la battaglia di Thionville fra imperiali e Francesi.

1639, 19 giugno: Enrico II di Borbone-Condè prende Salses chiave del Roussilon*.

1639, 31 ottobre: la flotta olandese distrugge la flotta spagnola nella battaglia di Douvres *.

1640, 1 dicembre: Il Portogallo si separa dalla Spagna con la quale apre un conflitto.

1641, scoppia la guerra del Sund fra Danimarca contro Svezia e Olanda.

1641, gennaio: i catalani proclamano una repubblica indipendente dalla Spagna.

1641, 6 luglio: ha luogo la battaglia di Marfee fra spagnoli e francesi.

1642, 17 Gennaio: si combatte la battaglia di Kempton fra spagnoli e francesi *.

1641, 9 novembre: muore il Cardinale Infante Ferdinando d'Asburgo.

1642, 4 gennaio: con l'arresto di alcuni membri del parlamento inizia la guerra civile inglese.

1642, 8 gennaio: muore Galileo Galilei.

1642, 22 maggio: ha luogo la battaglia di Honnecourt fra spagnoli e francesi.

1642, 14 giugno: In Savoia termina la guerra civile

1642, 3 luglio: muore Maria de Medici regina di Francia e madre di Luigi XIII.

1642, 4 dicembre: muore il Cardinale Richelieu sostituito dal Cardinale Mazzarino.

1642, 25 dicembre: nasce Isacco Newton.

1642, Rembrandt termina "*La ronda di notte*".

1642, L'esploratore olandese Abel Janszoon Tasman scopre Nuova Zelanda, Tonga, Tasmania e molte altre nuove terre.

1643, 14 maggio: muore Luigi XIII re di Francia gli succede il figlio Luigi XIV sotto la reggenza di Anna d'Austria.

1643, 19 maggio: ha luogo la grande vittoria francese a Rocroi sugli spagnoli *.

1643, 16 giugno: inizia l'assedio di Thionville da parte dei francesi.

1643, 25 novembre: battaglia di Duttlingen o Tuttlingen fra imperiali-bavaresi e francesi.

1643, 29 novembre: muore a Venezia il compositore Claudio Monteverdi.

1643, Evangelista Torricelli inventa il barometro.

1644, Cartesio da alle stampe il suo noto saggio *Principia Philosophiae*.

1644, 21 aprile: strage di soldati francesi durante i moti detti "*vespri mondoviti*".

1644, 2 luglio: viene combattuta la battaglia di Marston Moor (guerra civile inglese).

1644, 29 luglio: muore Papa Urbano VIII.

1644, luglio: assedio olandese della fortezza di Sas Van Gent.

1644, 25 settembre: viene eletto il nuovo pontefice Innocenzo X.

1646, 11 ottobre: Condè conquista Dunkerque.

1648, 20 agosto: battaglia di Lens fra francesi e ispano-imperiali*.

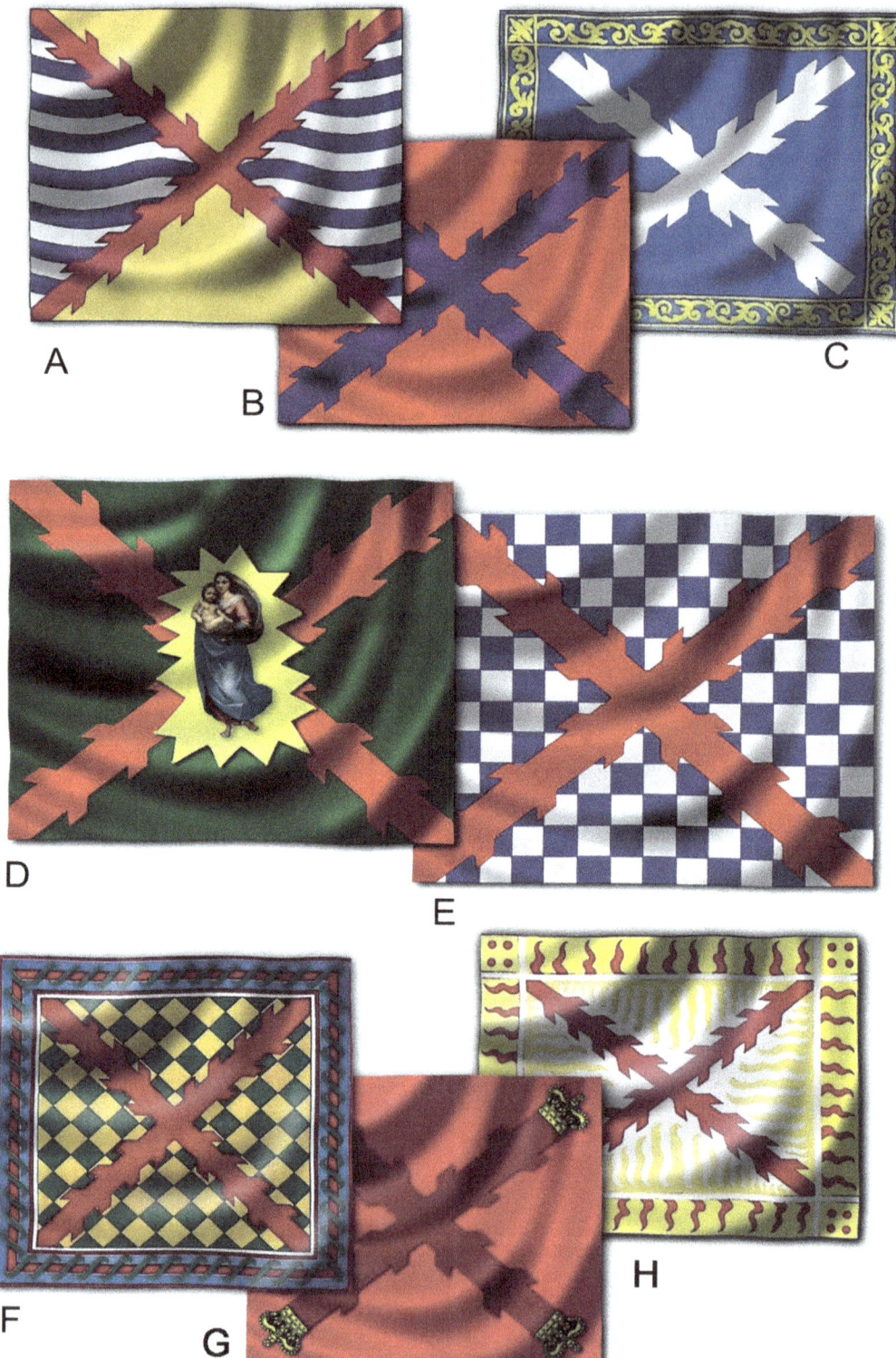

▲ *Stendardi e bandiere spagnole: A Bandiera presente alla resa di Julich 1622 B Bandiera di fanteria generica C Stendardo di fanteria del 1629. D Bandiera di fanteria 1635. E Bandiera del reggimento di Ambrogio Spinola 1625. F Bandiera di fanteria del 1619. G Bandiera del Reggimento del Rey 1642. H Bandiera di fanteria del periodo 1640-50. Tavola di Luca Cristini*

LA DIFFICILE SITUAZIONE SPAGNOLA

La Spagna di quegli anni era il classico gigante dai piedi d'argilla. Sembrava che nulla potesse fermare quei movimenti che lentamente ma inesorabilmente stavano sgretolando tutto l'immenso potere che gli Asburgo avevano fin lì avuto in gestione.

Abbiamo già parlato della catastrofica sconfitta navale subita dalla grossa flotta spagnola al largo delle acque inglesi, ad opera della efficiente e moderna marina olandese. Delle 77 navi che componevano la flotta di Filippo IV, ben 70 furono catturate o distrutte. L'attacco francese sui fronti delle Fiandre a nord e dei Pirenei a sud venne invece contenuto. Ma era sulla penisola iberica che stavano avvenendo i fatti più gravi per la corte madrilena. Nel 1640 scoppiarono le rivolte in Portogallo e in Catalogna. Il duca Giovanni di Braganza, a seguito della riuscita solle-

▲ *Una delle ultime imprese della Spagna fu la difesa di Cadice contro la flotta inglese del 1634. Tela del Zurbaran, Prado, Madrid*

DON GASPAR GUZMAN CONTE DI OLIVARES 1587-1645

Don Gaspar Guzman y Pimentel, il futuro primo ministro spagnolo nonché preferito del re, nasce a Roma, figlio dell'ambasciatore spagnolo presso il Papa. Inizia con gli studi in teologia e lettere all'università di Salamanca.

A 20 anni eredita un'immensa fortuna da parte del padre e nel 1615 viene chiamato a corte da Filippo III, ma è con il figlio Filippo IV che Olivares ottiene il massimo dei riconoscimenti, divenendone il potente primo ministro, carica con la quale gestirà tutta la politica spagnola per quasi tutta la durata della guerra dei 30 anni.

Al titolo di conte di Olivares, venne aggiunto dal re Filippo IV quello di Duca di Sanlucar.

Sarebbe ingiusto biasimare l'Olivares per la decadenza della Spagna che era invero dovuta a molteplici e svariate cause.

Anzi, all'Olivares va riconosciuto il merito di aver posto dei freni alla dilagante corruzione di corte e di aver portato avanti il tentativo di modernizzare il paese, anche se ciò gli provocò un grande scontro con l'aristocrazia castigliana. Nel 1643 la sua personale posizione andò inesorabilmente peggiorando: il dilagare delle sconfitte militari, la sollevazione di Portogallo e Catalogna e rinnovati intrighi di corte, gli fecero perder il potere, privandolo in breve di tutte le sue cariche. Fu mandato in una sorta di esilio-pensione a Toro, una cittadina a 60 chilometri ad occidente di Valladolid, dal suo vecchio referente, il Re Filippo IV, il quale si decise alla rinuncia del suo "favorito" per la buona copertura di comodo capro espiatorio, che si attirasse tutto il malcontento popolare per quanto stava accadendo.

L'anno successivo, a causa di uno scandalo scoppiato nella stesura di un apocrifo, l'Olivares fu addirittura processato dalla Santa Inquisizione rischiando di finire i suoi giorni in una sordida cella del Sant'Uffizio.

La morte pietosamente sopraggiunta nel 1645 gli evitò ulteriori grane.

vazione della Lusitania, divenne re del Portogallo con il nome di Giovanni IV; si accordò con la Francia e fece tregua con l'Olanda, la quale da tempo stava approfittando della situazione per impossessarsi di buona parte delle colonie portoghesi nel mondo, dando così il via al nascente grande impero olandese. Più grave ed incisiva per i destini di Spagna fu tuttavia la crisi della Catalogna, soprattutto per la vicinanza di questa regione con la nemica Francia. Infatti il solito Richelieu approfittò immediatamente della situazione, offrendo ai ribelli catalani tutto il suo supporto e ottenendo in cambio l'elezione di re Luigi XIII a duca di Barcellona.

A seguito di tutto ciò, i Paesi Bassi spagnoli furono completamente isolati e costretti a difendersi per proprio conto. Anche se la corte di Madrid avesse voluto inviare loro aiuti in uomini e denaro non ne avrebbe avuto facilità, essendo assai poco sicure sia le vie di mare che di terra. In pochi mesi la grande vittoria di Nordlingen aveva esaurito tutti i suoi vantaggi.

L'isolato Cardinale Infante Ferdinando d'Asburgo, per colmo d'ironia, venne invitato a fornire armi ed armati prima agli assediati di Breisach e poi addirittura a rimpatriarli in Spagna, per far fronte alle minacciose rivolte che erano scoppiate sulla penisola. Il povero cardinale dovette quindi districarsi fra mille e più problemi, in una corte sempre più allarmata come quella di Bruxelles, fra ordini e richieste impossibili, che finirono con lo sfibrare il suo fisico delicato, favorendone il suo deperimento e il sopraggiungere di una malattia che il 9 novembre 1641 portò lo sfortunato principe Ferdinando alla tomba, solo pochi anni dopo il grande trionfo di Nordlingen, che sembrava proiettare un futuro alquanto diverso per il giovane rampollo di casa Asburgo.

▲ *Don Gaspar Guzmán y Pimentel, Conte di Olivares nel celebre ritratto del Velásquez. Museo del Prado, Madrid*

FEDERICO ENRICO D'ORANGE 1584-1647

Principe d'Orange e Stadtholder delle Province Unite dal1625 al1647, ultimo figlio di Guglielmo I il Taciturno, era nato pochi mesi prima della morte per assassinio del padre.

La madre, Luisa de Coligny, era figlia del celebre ammiraglio ugonotto scaraventato dalla finestra e ucciso nella notte di San Bartolomeo.

Proclamato Stadtholder dopo la morte del più anziano fratello Maurizio di Nassau, che provvide al suo personale addestramento.

Continuò la guerra degli Ottant'anni contro la Spagna, stringendo alleanze con vari stati fra cui la Danimarca, la Svezia e la Francia.

Nominato capitano generale, tra il 1629 e il 1645, mentre infuriava la guerra dei Trent'anni, Federico dimostrò di possedere le stesse e, per certo verso superiori, eccellenti capacità militari già notate anche nel fratello Maurizio.

Assalì ed occupò numerosi territori ancora in mano spagnola e nel 1646 poté iniziare i negoziati per la pace da una posizione di forza.

Il trattato di Münster, che venne ratificato solo nel 1648, dopo la sua morte, concesse alle Province Unite quella indipendenza e tutti i privilegi per i quali esse si erano battute.

Federico Enrico governò l'Olanda nel periodo della sua massima fioritura; il paese, in piena espansione economica, risentiva solo marginalmente dei conflitti politici e religiosi.

Amsterdam costituiva il centro finanziario dell'intera Europa e in questi stessi anni si andava consolidando l'impero coloniale, con nuove basi nell'Estremo Oriente e in Sud America.

Sul piano artistico e culturale, Federico Enrico si dimostrò un generoso mecenate e si circondò di pittori del talento di Rembrandt e Frans Hals e di scienziati come Cartesio.

Fra i suoi più grandi successi militari ricordiamo la conquista di Hertogenbosch (Bosco Ducale) nel 1629, di Maastricht nel 1632 e soprattutto la riconquista di Breda nel 1637.

▲ *Federico Enrico principe d'Orange. Stadtholder delle province unite nel ritratto eseguito da G. van Hontorst*

Fautore di una pratica alleanza con la Francia, non esitò a staccarsi convenientemente dalla stessa appena individuò il pericolo che la stessa potesse prendere il posto della Spagna, garantendo così anche la sopravvivenza ai paesi bassi spagnoli (l'attuale Belgio).

Federico si sposò nel 1625 con Amalia Solms ed ebbe 5 figli: Guglielmo II d'Orange e quattro figlie. Alla sua morte, gli venne tributato un imponente funerale in grande pompa.

Fu seppellito accanto al fratello a Delft, la città dove era nato 63 anni prima.

Il Trattato di Munster, in suo onore, non venne siglato sino al 30 gennaio 1648, quando la malattia e poi la morte dello statolder avevano causato l'accelerazione dei negoziati.

LA GUERRA FRANCO SPAGNOLA 1636-1642

Dopo gli abituali quartieri invernali, nel 1637 si ripresero le ostilità con il grandioso assedio di Breda da parte dello Stadtholder Federico Enrico d'Orange.

Questi con 18.000 uomini mise il blocco alla città, che subì l'onta della resa allo Spinola, debacle olandese che fu immortalata dal Velasquez.

Il Cardinale Infante tentò di sbloccare la situazione inviando un'armata appena di poco inferiore, ma senza successo. Il comandante spagnolo cercò allora un diversivo, ponendo a sua volta sotto assedio e conquistando altre città, come Venloo e Roermond, con l'idea di farsi inseguire dal generale olandese. Federico Enrico però non si fece distogliere, e grazie ad una contemporanea offensiva francese sul lato delle Fiandre, intensificò gli assalti sulla città di Breda, che finì con l'arrendersi insieme ai suoi 3.500 difensori il 7 ottobre del 1637, riscattando così l'onore delle Province Unite dopo l'onta dello Spinola.

Il 1638 fu quindi l'anno che vide gli spagnoli costretti di nuovo a contenere i loro nemici, con gli olandesi intenti ad alzare la posta e a mettere nel mirino addirittura l'importante piazzaforte di Anversa. La spedizione olandese era al comando di Guglielmo d'Orange, cugino di Federico, ed era composta da 6.000 uomini che immediatamente misero sotto assedio alcuni forti periferici

▲ *Scontro di cavallerie. Tela di Pieter Meulener, Museo del Prado, Madrid*

▲ *Uniformi olandesi 1635-1640 circa: da sinistra a destra: porta bandiera, ufficiale e moschettiere di una compagnia della milizia della provincia di Utrecht. Tavola di Bruno Mugnai e Luca Cristini*

della città. La guarnigione spagnola di Anversa nel giugno tentò una sortita al forte di Kallo ed ottenne una grande vittoria.

Sorpresi, gli olandesi furono quasi annientati, subendo la perdita di più della metà dei loro uomini, insieme a tutti i cannoni e i bagagli.

L'intera offensiva su Anversa finì perciò miseramente. Ad allietare gli spagnoli anche la contemporanea vittoria del Cardinale Infante sui francesi a St.Omer nel maggio-luglio del 1638, dove i difensori imperiali e spagnoli seppero mantenere il possesso della città, il cui assedio infruttuoso costò alla Francia più di 4.000 uomini.

L'anno si chiuse con un'offensiva generale spagnola che, con il prezioso supporto di un'armata imperiale guidata dal Piccolomini, inflisse agli olandesi le sconfitte di Cleves e di Geldern.

Anche il 1639 parve sorridere alle sorti degli Asburgo in questa parte del fronte: infatti, dopo aver lamentato la perdita della minore piazza di Hesdin, il 7 giugno il Piccolomini riuscì a sorprendere un'armata francese al comando del celebre "ambasciatore" Feuquieres e composta da 11.000 uomini, impegnata nell'assedio di Thionville.

I 14.000 ispano tedeschi del Piccolomini ebbero presto ragione della resistenza francese, riportando una vittoria completa e lamentando la perdita di meno di 1.000 uomini.

Per contro, in francesi subirono perdite più pesanti ed anche la morte del loro comandante Feuquieres. Tuttavia la grande vittoria olandese sul mare a Downs vicino alle coste inglesi contribuì a ristabilire una sorta di equilibrio.

In quell'occasione la Spagna, oltre a perdere quasi interamente la flotta, perdette anche l'armata di rinforzo di 13.000 uomini che quelle navi trasportava. Il 1640 fu un anno relativamente tranquillo sulle Fiandre. I francesi registrarono il successo di Arras, conquistata dopo due mesi d'assedio, ma, per contro, subirono dei rovesci nell'Artois. Gli olandesi assalirono Bruges e Hulst, ma furono respinti dalle guarnigioni locali. Sfortunatamente per la Spagna, quell'anno si inserirono i già citati disordini di Catalogna, cui

▲ *La battaglia navale di Downs del 31 Ottobre 1639 fu un vero disastro per la Spagna, forse anche maggiore della sconfitta di Rocroi. La tela di Reinier Nooms venne dipinta lo stesso anno e mostra in primo piano la nave da guerra Amelia dell'ammiraglio Tromp*

fece seguito la ribellione in Portogallo, rendendo la situazione allarmante, se non proprio disperata, per la corte di Madrid.

Il primo ministro Olivares non sapeva più che santi chiamare, ed ovviamente i suoi nemici francesi ed olandesi non mancarono di far giungere il loro aiuto alle province ribelli.

Tuttavia verso la fine dell'anno gli Stati Generali olandesi, un po' a sorpresa, analizzando le nuove situazioni che erano venute a crearsi, cercarono una sorta di disimpegno dal conflitto decennale in corso con la Spagna.

Gli immani costi e le tasse richieste ai cittadini per mantenere questa onerosa guerra, facevano montare sempre più il malcontento fra gli olandesi. Questo, unito alla consapevolezza di un'irrimediabile declino della potenza spagnola ora attaccata persino in patria, fece riflettere i responsabili della piccola repubblica olandese sui rischi di vedere subentrare ad una Spagna ormai in ginocchio una Francia dimostratasi assai aggressiva negli affari di Fiandra.

Federico d'Orange manovrò quindi per un compromesso e, dopo aver catturato Gennep agli inizi del 1641, si mise, per così dire, a guardia di quanto già conquistato, lasciando l'offensiva ad altri. Indomiti, gli spagnoli riuscirono ancora una volta a spuntarla sui rivali francesi nello scontro del 6 luglio 1641 a Marfee.

Questo scontro di Marfee rappresenta una vicenda assai curiosa che vale la pena di raccontare. L'esercito francese presente in zona era agli ordini del Soissons, che però recentemente aveva aderito alla ennesima fronda anti Richelieu e intendeva quindi marciare su Parigi per partecipare attivamente alla sommossa.

Un esercito spagnolo, agli ordini del Lamboy, avanzava per supportarlo, ma venne bloccato nella sua marcia appunto a Marfee, luogo vicino alla città di Sedan, da parte di un'armata francese leale al cardinale, posta sotto il comando di Chatillon. Entrambe le armate disponevano di 12.000 uomini circa. I francesi partirono in un'audace assalto, che però non ebbe successo e finirono con l'essere prima respinti e poi battuti dagli spagnoli e dai loro alleati francesi ribelli.

Richelieu ebbe comunque la soddisfazione di sapere della morte in battaglia del traditore Soissons e, con lui, della intera rivolta.

Il 1642 vede alla direzione dei Paesi bassi spagnoli il nuovo governatore Francisco de Melo, marchese di Tordelaguna, fresco successore dello scomparso Cardinale Infante.

Egli debutta subito malamente, rimediando una sconfitta a Kempton il 17 gennaio di quell'anno, dove un'armata spagnolo-tedesca di 10.000 uomini guidata dal Lamboy si scontra con un esercito francese di pari consistenza guidata dal Guebriant, brillante sottoposto di Bernardo Weimar. Questi forza un attacco diretto alle posizioni difensive del Lamboy, che s'aspettava rinforzi dal Belgio. Il Guebriant, anche grazie alla migliore cavalleria, sconfigge pesantemente l'esercito nemico provocando 2.500 perdite e catturando ben 4.000 soldati, tutti i cannoni e 120 stendardi.

L'Olanda decide allora a questo punto di rientrare nella partita e, in accordo con i francesi, decide un'azione contro la fortezza di Geldern.

Ma stavolta la fortuna gira a favore degli spagnoli, che in manovra diversiva si riprendono la fortezza di Lens e riportano la vittoria di Honnecourt sui francesi, nella giornata del 26 maggio 1642. L'armata spagnola, guidata stavolta dal Melo in persona, dopo aver liberato Lens, decise di porre l'assedio anche alla vicina La Bassee.

Due congiunti distaccamenti francesi provenienti dalla Picardia e dalla Champagne si portarono in zona per cercare di liberare la città assediata. Melo con 10.000 uomini intercettò queste forze nemiche nei dintorni dell'abbazia di Honnecourt. I francesi disposero i loro uomini in una forte posizione di difesa, protetta dalla vicina abbazia e dal vicino fiume. Lo scontro che ne seguì fu aspro e conteso e per diverse ore non si riuscì a capirne gli sviluppi. Infine, a seguito di un ennesimo forte attacco dei *tercios* spagnoli, le linee francesi cedettero e sbandarono rovinosamente lasciando sul terreno 1.200 morti, 3.000 prigionieri, i cannoni e molte bandiere.

Gli spagnoli in questa bella vittoria lamentarono solo 400 perdite. Grazie alla vittoria di Honnecourt e soprattutto alla contemporanea uscita di scena di Richelieu, morto il 4 dicembre di quell'anno, seguita qualche mese dopo da quella dello stesso re Luigi XIII, la situazione per la Spagna si era fatta di nuovo positiva.

Gli olandesi saggiamente ritornarono a praticare la via di quella particolare tregua armata che già avevano scelto di seguire.

Il 1643 nelle Fiandre nasceva quindi con l'iniziativa nelle riconsolidate mani della Spagna.

▲ *Il generale Louis Borbone de Soissons pari di Francia*

▲ *La battaglia di Honnecourt del 1642 vinta dagli spagnoli sull'esercito francese. Tela di Pieter Snayers*

FILIPPO IV D'ASBURGO RE DI SPAGNA 1605-1665

Re di Spagna, Napoli e Sicilia dal 1621 al 1665 e, fino a 1640, re del Portogallo.

Figlio primogenito di Filippo III e di Margherita d'Austria, Filippo IV nacque a Valladolid nel 1605. Di carattere debole come il padre, affidò l'amministrazione della Spagna al favorito, Gaspar de Guzmán, conte di Olivares.

Il suo regno, dopo alcuni anni di successi inconcludenti, fu caratterizzato dal lento ma inesorabile decadimento politico e militare della Spagna. Per contraltare Filippo possedette uno spiccato gusto artistico ed una sincera passione per le arti. Il sovrano accolse a corte il pittore Velázquez, il drammaturgo Lope de Vega e il poeta Pedro Calderón de la Barca.

Lui stesso si dedicò alla traduzione di testi, fra cui quello celebre del Guicciardini sulla storia politica ancora oggi esistente. A lui si deve anche la costruzione dell'edificio del *Buen Retiro* a Madrid prossimo al Prado. Queste sue buone intenzioni non erano comunque di profitto al governo, alle serie prese con le crisi provocate dalle guerre con il Portogallo, i Paesi Bassi e la Francia nonché dalla politica di sostegno alla causa degli Asburgo nella guerra dei Trent'anni.

Il suo regno fu infine funestato dalla perdita del Portogallo nel 1640, dalla rivolta in Catalogna negli anni 1640-1653 e dalla ribellione organizzata da Masaniello a Napoli nel 1647.

Con la pace di Westfalia, la Spagna fu inoltre anche costretta a riconoscere l'indipendenza delle Province Unite dei Paesi Bassi.

Nel 1659, con il trattato dei Pirenei, Filippo dovette infine cedere alla Francia il Rossiglione e l'Artois, oltre ad alcune piazzeforti dei Paesi Bassi. Le sue opinioni politiche non divergevano da quelle di suo padre e di suo nonno.

Da buon Asburgo osservante riteneva di essere in obbligo nel difendere la causa della Chiesa Cattolica Romana contro i protestanti, asserire

▲ *Filippo IV d'Asburgo ritratto dal Velásquez. Museo del Prado, Madrid*

la sua sovranità sugli olandesi ed estendere i domini della sua famiglia.

Tutte motivazioni che gli facevano "tollerare" le grandi perdite umane ed economiche nelle quale precipitò il suo paese.

Esteriormente Filippo IV mantenne uno sfarzo barocco ed una solennità rigida, e fu visto ridere solamente tre volte nel corso della sua vita.

Ma, in privato, la sua corte era grezzamente corrotta e dedita al malaffare.

Si sposò due volte ed ebbe complessivamente 12 figli, una figlia in particolare divenne moglie di Luigi XIV. Sono noti anche i suoi due fratelli: la più anziana Anna d'Austria, moglie di Luigi XIII e madre del futuro Re Sole.

L'altro fratello Ferdinando, il Cardinale Infante, che morì "esule" nelle Fiandre e le cui spoglie mortali vennero traslate a Madrid nel 1643.

In quell'occasione, il fratello fece elevare ben 12.000 requiem a suffragio dello sfortunato principe. Morì a Madrid nel 1665.

ROCROI E LA CAMPAGNA DEL 1643

La nuova favorevole situazione venutasi a creare dopo la scomparsa dei due principali protagonisti della politica francese avrebbe dovuto consigliare a Melo, l'impetuoso governatore di origine portoghese, di concentrarsi nuovamente contro i "ribelli" olandesi.

Invece egli ritenne opportuno affondare la lama nel ventre molle di una Francia prostrata e resa vulnerabile dai recenti accadimenti.

Insieme al generale Beck, che aveva sostituito il Piccolomini rientrato in Germania nella guida del contingente imperiale, Francisco de Melo organizzò un'armata d'invasione di quasi 30.000 uomini e ne lasciò altri 15.000 al controllo delle frontiere interne.

Un esercito spagnolo in eccellenti condizioni attraversò nel maggio del 1643 il confine francese, con l'obiettivo di mettere sotto assedio la vicina fortezza di Rocroi. Si trattava di una piccola ma valida postazione difensiva ben protetta da una guarnigione di 1.500 soldati.

Il 12 maggio iniziarono le operazioni ossidionali, ed il 18 del mese le batterie cominciarono ad aprire il fuoco. Il morente Luigi XIII aveva lasciato tutte le operazioni nelle mani del nuovo primo ministro il cardinale italiano Giulio Mazzarino, il quale aveva scelto come nuovo comandante delle truppe francesi un outsider: Luigi II di Borbone, Duca di Enghien, un giovane di 21 anni, con scarsa o nulla esperienza militare.

Il comandante francese, avvedutosi delle intenzioni spagnole, diresse immediatamente i suoi uomini per rompere il cerchio attorno alla città assediata e provocare una battaglia in campo aperto nell'ampia pianura che si apriva dinanzi a Rocroi. Per farlo, doveva attraversare una fitta foresta ed una gola che imprudentemente Melo non occupò, permettendo ai francesi di prendere posizioni nella pianura con relativa facilità e sen-

▲ *Francisco de Melo, Conte di Azumar fu il nuovo governatore e comandante spagnolo che sostituì il cardinale infante a Bruxelles*

za essere in alcun modo disturbati. Lo stato d'animo dell'esercito francese in marcia venne scosso dalla sopraggiunta notizia della morte del Re, che dava il via ad una incerta reggenza e che certo obbligava l'esercito a non correre il rischio di subire una disfatta in un momento tanto delicato per la patria. Accompagnava il giovane Enghien il maturo ed esperto Francois de l'Hopital, che non riteneva quel terreno adatto ad uno scontro e suggeriva un aggiramento in profondità.

Altri ufficiali e lo stesso Enghien decisero altrimenti e si presero il rischio di inoltrarsi in quella specie di selva oscura, dove avrebbero potuto

▲ 1 e 2 Moschettiere e sergente dei Tercios spagnoli. 3 e 4 Bandiere imperiali cattoliche. Tavola di Luca Cristini

facilmente cadere vittima di schermaglie ed imboscate. Non si sa bene se Melo sia stato tardivamente informato di questi movimenti o se al contrario egli li abbia lasciati deliberatamente transitare, con l'idea di schiacciarli definitivamente in campo aperto, fidando nella sua presunta superiorità di posizione.

Enghien, meglio noto con il nome di principe di Condé, non incontrò che pochi croati e, la sera del 18 maggio, il suo esercito sfociò nella larga pianura dinanzi alla fortezza assediata.

Melo a questo punto informò i suoi comandanti di riunirsi nelle posizioni di battaglia, pregando il più distante fra loro, il generale Beck, di raggiungerlo quanto prima. Condé schierò i suoi in battaglia e se ne andò nella sua tenda a riposare. Melo, più agitato, passò tutta la notte a rivedere e riposizionare la sua linea di combattimento.

A sua insaputa il generale Beck ricevette il messaggio di richiamo troppo tardi, ed il flemmatico generale tedesco al servizio ispanico decise di restare con i suoi 5.000 uomini esattamente dov'era. L'indomani si sarebbe rimesso in marcia.

Si è a lungo discusso sull'entità di cui erano composte le due rispettive armate. I francesi furono stimati fra i 20 e i 23.000 uomini; assai più larga la forbice per gli spagnoli: fra 19 e 28.000 uomini. Vale a dire, vi è la fondata e curiosa ipotesi storica che i secondi fossero in minoranza o, al contrario, assai più numerosi.

LA BATTAGLIA DI ROCROI

La piana a sud di Rocroi tracciava un grande quadrato di circa 2.500 metri per lato. Entrambi i contendenti disposero la linea della fanteria nel centro e le cavallerie ai lati. I francesi erano disposti a sud-ovest della linea spagnola, con alla loro sinistra una zona acqui-

▲ *Scontro di cavalleria nelle Fiandre. Tela del Palamadesz*

LUIGI II DI BORBONE-CONDÉ DUCA D'ENGHIEN 1621-1686

Meglio noto come il Gran Condé, il principe di sangue reale nacque a Parigi l'8 settembre 1621, figlio di Enrico II di Borbone, e fu il più giovane generale francese durante la guerra dei Trenta Anni. Fece solidi studi presso i Gesuiti a Bourges e a vent'anni prese in moglie la giovane nipote tredicenne del cardinale di Richelieu, dalla quale ebbe due figli. L'anno prima era entrato nell'esercito per coronare la sua passione militare. Ed in questo ambiente certamente si mostrò un genio precoce.

Nel 1643, all'età di 21 anni, riceve il comando dell'esercito di Picardia, con il compito di sbarrare la strada all'esercito spagnolo, uscito dalle Fiandre per invadere la Francia.

Il 19 maggio, poco dopo la morte di Luigi XIII, Enghien ottenne la grande vittoria di Rocroi contro i temibili *tercios* spagnoli. Fu poi mandato sul fronte del Reno insieme al maresciallo Turenne, dove nel 1644 sconfisse gli imperiali a Friburgo e successivamente, sempre con Turenne, alla seconda battaglio di Nördlingen nel 1645 contro Mercy. Nel 1646, tornato nelle Fiandre, prese Dunkerque. Ebbe meno fortuna nella campagna di Catalogna, ma si rifece nel 1648 con la grande vittoria di Lens sull'arciduca Leopoldo. A far da contraltare a queste glorie fu la sua attiva adesione alla Fronda; prima difese il re, poi passò al servizio del parlamento.

Il 18 gennaio 1650 il cardinale Mazzarino lo fece arrestare e lo gettò in prigione per tredici mesi. Il 7 febbraio 1651 una nuova sollevazione, detta la fronda dei principi, liberò il Gran Condè e fece fuggire il cardinale Mazzarino all'estero.

Condé fu quindi posto alla testa della Fronda dei principi, malgrado ciò lo mettesse contro suo cugino Luigi XIV, ormai maggiorenne.

Nella sua qualità di "dittatore", negoziò con Filippo IV di Spagna e con Oliver Cromwell.

Seguirono 7 anni di conflitti, alla fine dei quali

▲ *Luigi II di Borbone-Condé Duca d'Enghien ritratto da Justus van Egmont. Gallerie di Versailles*

il Condé venne definitivamente sconfitto dal Turenne nella famosa battaglia delle Dune del 1658. Il trattato dei Pirenei del 1659 gli assicurò tuttavia il perdono reale da parte di Luigi XIV. Condé infine riottenne il comando di un'armata francese, con la quale conquistò nel 1668 la Franca Contea. Nel 1672, di nuovo in guerra, questa volta contro l'Olanda e poi Alsazia, per difendere questa provincia dagli attacchi imperiali del Monteccuccoli.

Finirà la sua vita nel suo favoloso castello di Chantilly, circondato da musicisti e poeti, discorrendo con Racine e Molière.

trinosa ed alla loro destra una folta boscaglia. Il fronte ispanico rispecchiava a rovescio tale disposizione con le cavallerie guidate da Isenburg a destra e Alburquerque a sinistra.

Melo nascose nel bosco, alla sinistra di Alburquerque, un migliaio di moschettieri con lo scopo di fare una sortita sulle probabili e temute cariche di cavalleria francese che attraverso quel lato sarebbero passate. Tuttavia alcuni disertori spagnoli informarono il Condé di questa manovra, aggiungendo a questa la notizia più succulenta: e cioè che il generale Beck non sarebbe probabilmente arrivato in tempo utile sul campo di battaglia con i suoi seimila uomini.

Subito il giovane ma audace generale francese decise che Melo andava distrutto prima dell'arrivo dei rinforzi. I cannoni iniziarono a vomitare il loro colpi micidiali molto presto, verso le 4 del mattino; quelli francesi diressero colpi mirati anche nella zona della presunta truppa nemica nascosta nella foresta per l'imboscata.

La visibilità a quell'ora del mattino era ancora scarsa. Melo ancora incerto sui movimenti di Beck, decise pertanto di rimanere sulla difensi-

va ed incoraggiò animosamente le sue truppe a combattere ed eventualmente morire per la gloria di Spagna. Alle cinque partì un simultaneo attacco delle due ali di cavalleria francese.

L'attacco sulla sinistra contro la cavalleria di Isenburg procedette però con qualche difficoltà, un po' per il terreno acquitrinoso, un po' per il disordine causato dalla fretta nell'eseguire quella manovra e il generale francese La Ferte, che la dirigeva, si trovò presto in difficoltà.

Isenburg per contro mantenne un controllo ineccepibile e, facendo avanzare i suoi al piccolo trotto, finì con lo scontrarsi con una carica francese assai disorganizzata che venne perciò facilmente messa in fuga. Nella breve ma accanita zuffa cadde ferito e prigioniero persino il generale La Ferte. A questo punto, il generale Hospital, che comandava il secondo scaglione della cavalleria francese sull'ala sinistra, ordina un violento contrattacco, che però subisce la stessa sorte del primo. Ferito a sua volta, questo secondo generale francese si rifugia con rocambolesca fuga nelle boscaglie alle spalle dello schieramento francese. Forte di questo successo, la cavalleria guidata da

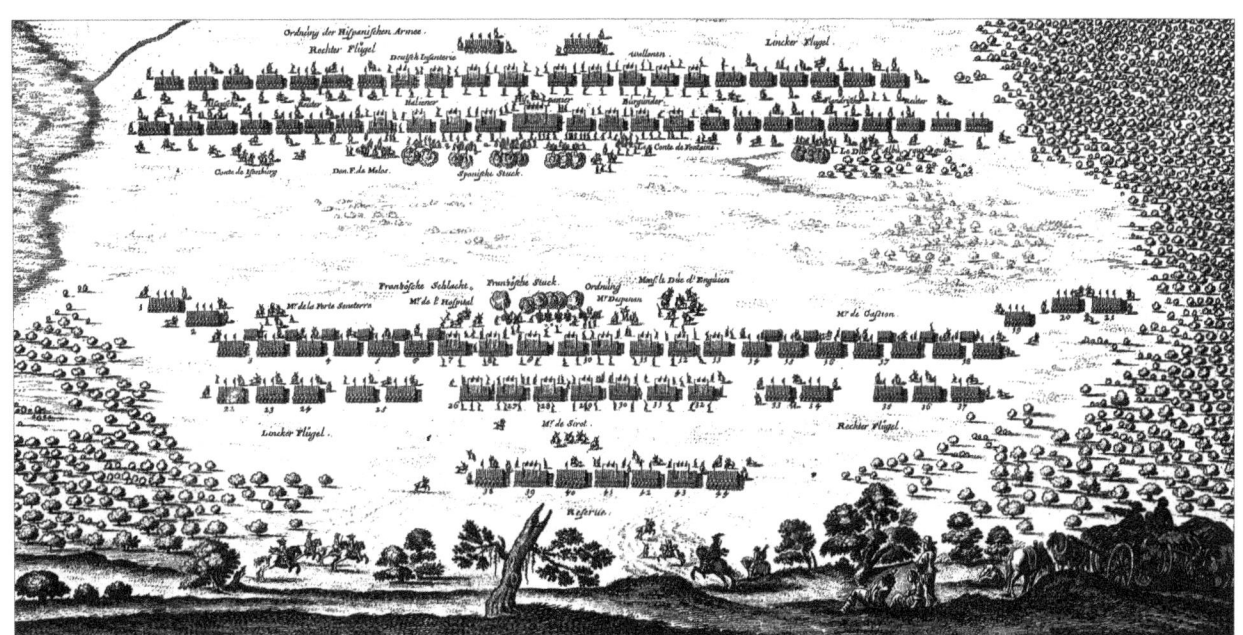

▲ *La battaglia di Rocroi dall'incisione di M.Merian da Theatrum Europaeum (Collezione privata)*

Ernesto Von Isenburg ruotò di 90 gradi ed investì il campo dei bagagli francesi posto dietro le linee dell'esercito nemico.

Nello stesso momento i *tercios* piazzati sull'ala destra spagnola avanzarono per dare supporto allo sfondamento della loro cavalleria.

Le contrapposte forze francesi sbandarono e gli spagnoli si impossessarono persino di qualche cannone avversario. Alle sei del mattino la battaglia sembrava già persa per la Francia, sennonché lo sviluppo della seconda carica, quella alla destra dello schieramento francese, ebbe risultato opposto di quella di La Fere e Hospital.

La migliore cavalleria di Francia, guidata dallo stesso Condé e dal generale Gassion, ebbe la meglio sull'ala spagnola diretta dall'Alburqureque, nonostante il fuoco dei moschettieri nascosti nel bosco, i quali riuscirono a produrre danni assai irrilevanti agli squadroni francesi.

Dopo una fiera resistenza, gli squadroni spagnoli, valloni e tedeschi ripiegarono e caddero in rotta, abbandonando il campo.

Condé e Gassion riorganizzarono allora il loro cavalieri ed anziché prendersela, come era usuale all'epoca, sui bagagli e le retroguardie dell'esercito nemico, compirono una doppia azione: Condé effettuò un lungo giro alle spalle dell'intero schieramento di Francisco de Melo, mentre Gaussion si diede ad inseguire la cavalleria nemica posta in fuga ed eventualmente a contrastare il contingente del Beck, qualora si fosse visto.

Intanto il Condé, alla guida dei suoi squadroni vincenti, dopo la lunga galoppata piombò sul retro degli ormai esausti cavalieri di Isenburg che

▲ *La battaglia di Rocroi del maggio 1643. Si vede il Gran Condé che conduce la carica vittoriosa. Stampa dell'epoca*

bravamente avevano sconfitto i loro contrapposti sulla alla destra spagnola.

La sorpresa fu determinante ed anche Isenburg, dopo una furibonda mischia, cedette e venne messo in rotta. Al centro intanto sembrava che i più esperti veterani dei *tercios* spagnoli potessero avere la meglio sulle più sottili formazioni della fanteria francese. Tuttavia il capolavoro della cavalleria francese fu che, avendo compiuto l'intera circonferenza del campo di battaglia e liberatasi vittoriosamente di tutta la cavalleria avversaria, aveva lasciato il forte centro spagnolo completamente in balia dell'esercito francese.

Intatta nei suoi battaglioni, la fiera fanteria spagnola avrebbe potuto tentare una resistenza, nella speranza di vedersi rinforzata presto o tardi dall'arrivo delle forze fresche del Beck.

In effetti, i battaglioni si disposero per una estrema resistenza. Una testimonianza raccolta sul campo riferisce che il Melo abbia detto ad un suo generale, l'italiano Visconti: *"qui desidero morire insieme ad un gentiluomo italiano"* e che quello abbia risposto: *"noi siamo tutti pronti a morire per il re"*. Condé impegnò tutti i suoi uomini per completare l'assalto finale: fece avvicinare tutta l'artiglieria e, con la protezione della propria cavalleria, fece un devastante fuoco a distanza ravvicinata, che aprì varchi paurosamente vasti nelle fiere formazioni avversarie, le quali tuttavia cedettero solo alla fine di tre sanguinosi assalti.

Prima del quarto attacco infatti, gli spagnoli verso le 9,30 del mattino chiesero quartiere e la possibilità di parlamentare la resa, attraverso il loro generale Mercador. In quel mentre accadde l'irreparabile: nel trambusto del momento, alcuni soldati spagnoli confusero il confabulare della scorta del Condé, mentre questi era in discussione con gli ufficiai spagnoli per la resa, e fecero fuoco sul gruppo. Questo fatto innescò l'immediata reazione dell'esercito francese, che circondava i resti dell'armata spagnola e quel che ne seguì fu il macello dei resti dei gloriosi *tercios* spagnoli!

Alla fine, si contarono ben 5.000 caduti e 8.000 prigionieri, oltre a tutta l'artiglieria e a tutte le bandiere. Una vera carneficina.

Venne catturata persino la intera cassa dell'esercito con le paghe dei soldati!

A questo disastro si era sottratta la sola cavalleria, messa in fuga dalle cariche del Condé.

Il francese lamenterà la perdita complessiva di 2.000 uomini, in cambio della più gloriosa e limpida vittoria di Francia dell'intero conflitto.

Il giorno seguente Luigi II Borbone duca d'Enghien e principe di Condé fece la sua entrata trionfale nella cittadella di Rocroi, ed una lapide, posta allora, fa ancora bella mostra di sé sulla porta d'accesso alla fortezza. Lo sconfitto Melo ed alcuni dei suoi generali raggiunsero nelle ore successive il generale Beck che si era portato nel vicino villaggio di Philippeville, circa 10 chilometri ad est di Rocroi, dove era riuscito a radunare il maggior numero possibile di fuggiaschi: circa 5.000 fanti e 4.000 cavalieri.

Ma la maggior parte dei loro ufficiali era perita nella battaglia e con essi la storia e la tradizione dei *tercios* che, ben dodici anni dopo Breitenfeld, cesseranno di esistere. La Spagna decise allora di adottare anche per le sue future armate il più moderno sistema olandese.

19 MAGGIO 1643 DISPOSIZIONI INIZIALI ALLA BATTAGLIA DI ROCROI

Truppe dell'esercito Spagnolo-Vallone: al comando del generale Francisco de Melo così disposte:

Fanteria:

S1=Regg. Fanteria Visconti (Italiani): 1.500

S2=Tercio Velandia (Spagnoli): 1.250

S3=Tercio Villalva (Spagnoli): 1.250

S4=Tercio Mercador (Spagnoli): 1.250

S5=Tercio Garcies (Spagnoli): 1.750

S6= Tercio Castelvi (Spagnoli): 1.500

S7= Regg. Fanteria Gramont (Borgognoni): 1.500

S8= Regg. Fanteria Strozzi (Italiani): 2.000

▲ *Uniformi francesi 1636 circa: tamburo di un reggimento di fanteria. A destra: cavaliere della gendarmeria della Maison du Roi o di una compagnia di Gendarmes de France. Tavola di Bruno Mugnai e Luca Cristini*

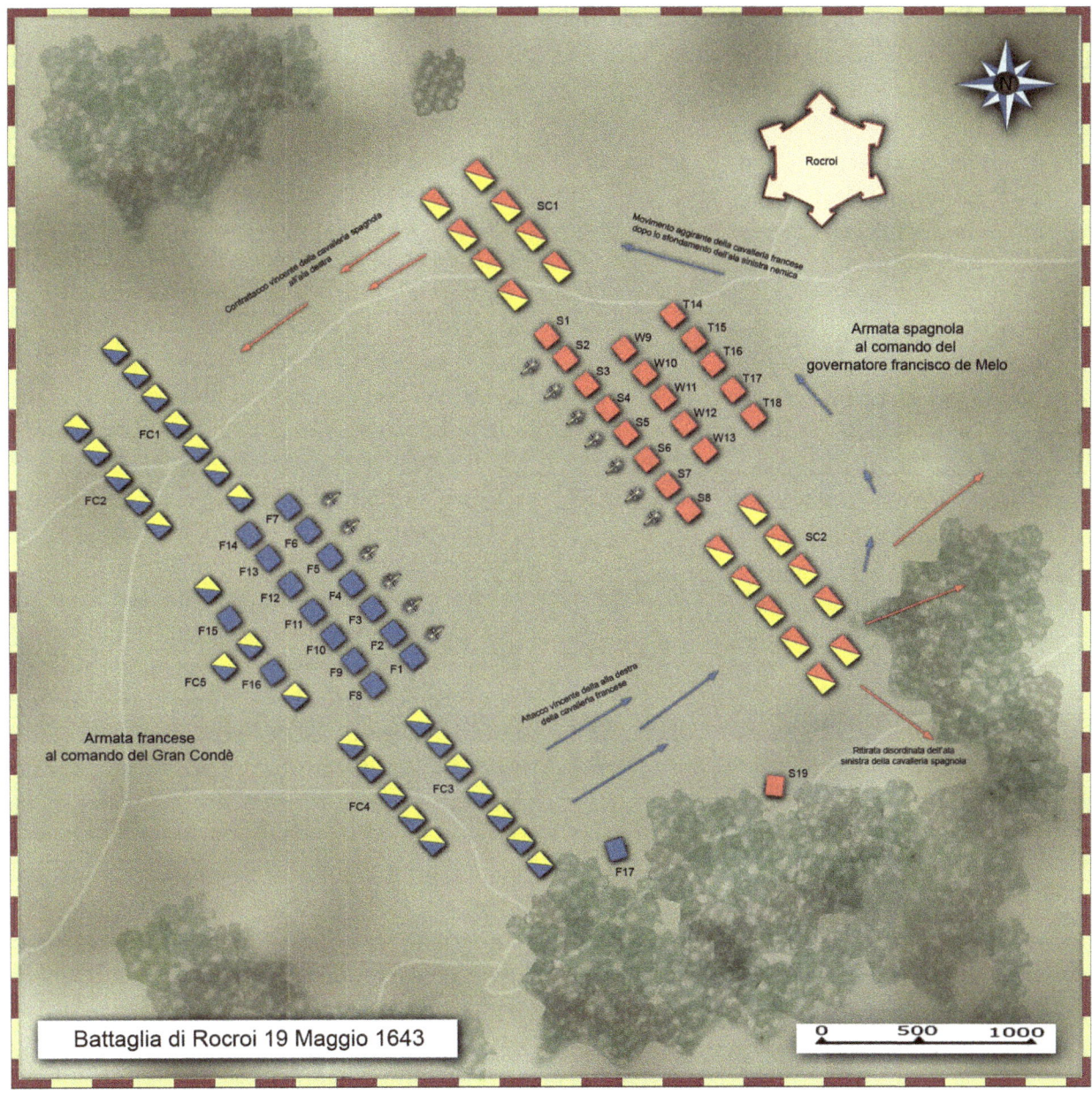

Battaglia di Rocroi 19 Maggio 1643

W9= Batt. Fant. Principe di Ligny (Valloni): 500

W10= Batt. Fanteria Ribacourt (Valloni): 500

W11= Batt. Fanteria Granges (Valloni): 500

W12= Batt. Fanteria Meghen (Valloni): 500

W13= Batt. Fanteria Bassigny (Valloni): 500

T14= Batt. Fanteria D'Ambise (Tedeschi): 500

T15= Batt. Fant. Montecuccoli (Tedeschi): 500

T16= Batt. Fanteria Frangipani (Tedeschi): 500

T17= Batt. Fanteria Rittburg (Tedeschi): 500

T18= Batt. Fanteria ignoto (Tedeschi): 500

S19= Moschettieri (imboscata): 1.000

Cavalleria:

SC1=Squadroni Isenburg (imp.-croati): 2.800

SC2=Squadroni Alburquerque (Valloni): 2.250

Totale di 18.500 fanti, 5.050 cavalieri e 18 cannoni per complessivi 23.550 uomini.

Truppe dell'esercito Francese: al comando del generale Enrico II di Borbone principe di Condè cosi disposte:

Fanteria:

F1= Batt. Fanteria Piccardia: 800

F2= Batt. Fanteria La Marine: 800

F3= Batt. Fanteria Persan: 800

F4= Batt. Fanteria Molodine: 800

F5= Batt. Fanteria Biscarras: 800

F6= Batt. Fanteria Rambures: 800

F7= Batt. Fanteria Piemonte: 800

F8= Batt. Fanteria La Pree: 800

F9= Batt. Fanteria Vidarne: 800

F10= Batt. Fanteria Watteville: 800

F11= Batt. Fanteria Ecossais: 800

F12= Batt. Fanteria Roll: 800

F13= Batt. Fanteria Breze: 800

F14= Batt. Fanteria Guiche: 800

F15= Batt. Fanteria Harcourt: 800

F16= Batt. Fanteria Royeaux: 800

F17= distaccamento moschettieri: 300

Cavalleria:

FC1= 8 Squadroni La Ferte: 1.600

FC2= 5 Squadroni L'Hopital: 1.000

FC3= 10 Squadroni Gassion: 2.000

FC4= 5 Squadroni Condè: 1.000

FC5= 4 Squadroni Sirot (Riserva): 800

Totale di 14.700 fanti, 6.400 cavalieri e 12 cannoni per complessivi 21.100 uomini.

LE CONSEGUENZE

Per molto tempo la battaglia di Rocroi è stata considerata come il tramonto dei *tercios* spagnoli. Il momento nel quale smisero di essere il migliore esercito del mondo. Tuttavia, come già Breitenfeld prima e Nordlingen poi, le reali conseguenze strategiche furono assai minori.

Una visione più attuale degli accadimenti ha infatti dimostrato che, a dispetto di questa tragica sconfitta, la fanteria spagnola mantenne ancora un alto grado di efficacia ed operatività, ed il suo apporto militare nelle campagne contro la Francia fu ancora spesso significativo, sebbene sia certo che non raggiunsero mai più le glorie passate. E' interessante comunque ricordare che un anno prima della battaglia, il 26 maggio di 1642, praticamente le stesse truppe al comando del Melo a Rocroi, avevano sconfitto un forte esercito francese a Honnecourt, e successivamente, il 23 novembre di 1643, un altro esercito imperiale-ispanico distrusse un'altra armata del re di Francia nella battaglia di Tuttlingen.

Questi due esempi possono illustrare che in definitiva la battaglia di Rocroi non ebbe un peso decisivo nelle successive operazioni militari del conflitto trentennale. E' perciò corretto affermare che la sconfitta degli invincibili *tercios* si verificò nel momento in cui la Francia diventava arbitro della guerra in Europa, mentre contemporaneamente l'egemonia spagnola decadeva.

Perciò si è normalmente abituati a considerare Rocroi come punto di svolta negli avvenimenti militari dell'epoca. Lo stesso Condé nei giorni successivi (16 giugno 1643) cercò di porre a sua volta l'assedio alla fortezza di Thionville, solida e robusta, ma difesa da soli 800 uomini di guarnigione, presto rinforzati da altri 2.000 uomini inviati dal Beck. Risultato fu che la fortezza non ebbe grosse difficoltà a resistere all'assedio e, dopo ben 56 giorni, il Condé levò le tende e se ne tornò in Francia a raccogliere gli allori della sua vittoria di Rocroi. Le spagnole truppe residue, rimaste appannaggio del generale Beck, risultarono sufficienti a spegnere sul nascere ogni nuova idea irredentista da parte dello Stadtholder olandese Federico Enrico d'Orange.

GLI ULTIMI SCONTRI NELLE FIANDRE

Dopo Rocroi, il re Filippo IV e la sua corte giunsero alla conclusione che le speranza di una vittoria erano ormai remote. La Spagna era sull'orlo di una bancarotta (evento fra l'altro ricorrente) e non aveva né soldi né uomini

▲ *Uniformi dell'armata francese, prima metà del XVII secolo. Incisioni di Philippoteausx, Deghoy e Delaville*

da impegnare. Tutte le residue risorse dovevano venire utilizzate per reprimere le recenti rivolte scoppiate in casa contro il Portogallo e la Catalogna. Con la repubblica olandese si doveva cercare un accordo pacifico e comunque d'ora in poi le Fiandre avrebbero dovuto provvedere da sé alla propria difesa. I paesi bassi spagnoli avevano perso i loro uomini migliori e la loro reputazione militare, tuttavia quelli che rimanevano erano sempre dei militari professionisti di buon livello e, soprattutto, rimanevano delle poderose fortezze inespugnabili, che sole pareva bastassero a garantire la tenuta del paese.

Nel 1644, assente il Condé impegnato in Germania con il Turenne, i francesi tentarono una nuova offensiva, mentre gli alleati olandesi nel luglio di quell'anno misero in atto un nuovo imponente assedio alla città di Sas Van Gent.

Melo, Isenburg e Beck, i superstiti di Rocroi, furono sufficientemente abili da far fallire questo piano e Federico Enrico d'Orange fu costretto a levare l'assedio il 5 settembre e a ritirarsi. L'unico piccolo successo della grande offensiva congiunta fu la conquista da parte francese della città di Gravelines. Nel 1645 lo Stadtholder olandese venne apertamente criticato per non aver accettato, o almeno voluto discutere, i termini di una tregua, o meglio di una pace duratura con gli spagnoli. Ciononostante, egli ostinatamente riprese la politica degli assedi, mettendo nel mirino addirittura la fortezza di Gand (Ghent in fiammingo), forse la più solida base delle Fiandre.

In realtà quella fu una manovra diversiva: la "vittima" era in realtà la città di Hulst, che in effetti cadde dopo meno di un mese d'assedio.

Intanto il duca d'Orleans, nuovo comandante francese nella zona, procurò la cattura di Mardyck vicino a Dunkerque.

Con astuzia, gli spagnoli attesero il ritiro francese nei propri quartieri invernali per recuperare quanto perso con il minimo sforzo. Il 1646 si apre con l'indomito Federico Enrico d'Orange che,

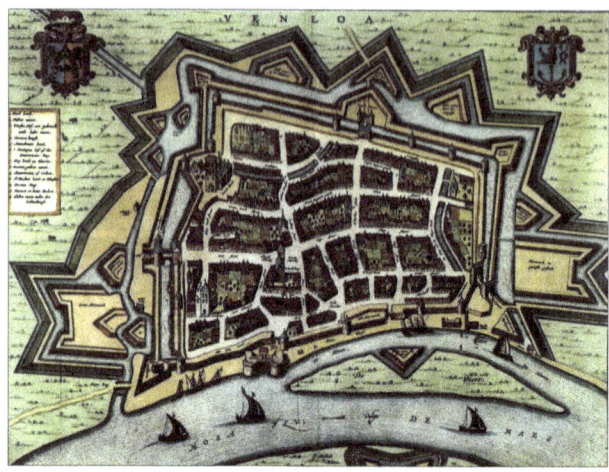

▲ *La città fortificata di Venloo nelle Fiandre spagnole*

assistito da un corpo francese di 6.000 uomini, riprese l'offensiva e si diresse invano contro la solida difesa di Anversa, suo vecchio pallino.

Non potendovi concludere nulla rivolse allora le attenzioni alla roccaforte di Venloo, ma anche qui senza ottenere risultati e decise pertanto di chiudere le operazioni per quell'anno.

I francesi rioccuparono Mardyck e Courtrai.

Il ritorno di Condé favorì però la conquista più importante per i francesi: la grossa fortezza di Dunkerque, posta sotto assedio il 19 settembre, sebbene difesa da quasi 8.000 uomini fra guarnigione e milizia, finì con l'aprire le porte l'11 di ottobre al duca d'Enghien e ai suoi 30.000 uomini.

Dunkerque era la principale base navale della marina dei paesi bassi spagnoli e la sua conquista rappresentava per la Francia il miglior successo militare dopo Rocroi.

Infine, gli ultimi due anni di guerra videro una relativa chiusura degli scontri.

Il partito pacifista olandese, dopo la morte del "guerriero" Federico Enrico d'Orange, prese il potere in Olanda e gettò le basi per chiudere gli scontri. La pace, come noto, venne ratificata con i trattati di Munster del gennaio 1648.

La corte di Madrid da parte sua si consolava pensando che almeno da quella parte la guerra fosse terminata. Non fu così con la Francia, con la qua-

CARDINALE GIULIO RAIMONDO MAZZARINO 1602-1661

Nato a Pescina (AQ) da una famiglia al servizio dei Colonna, educato dai gesuiti, Mazzarino intraprese la carriera diplomatica nello Stato Pontificio e nel 1634 fu nominato nunzio papale in Francia. Conquistatosi la stima del cardinale Richelieu, che egli segretamente aiutò contro la Spagna e gli Asburgo d'Austria durante la guerra dei Trent'anni, nel 1639 divenne cittadino francese. Due anni dopo, re Luigi XIII lo fece nominare cardinale dal papa (nonostante egli non fosse mai stato ordinato prete). Succedette nella carica al Richelieu e, alla morte del re di Francia, qualche mese dopo la vedova reggente Anna d'Austria lo nominò primo ministro e tutore di Luigi XIV.

In sostanza divenne il governatore della grande potenza cattolica. Mazzarino proseguì nella politica di rafforzamento dell'autorità regia avviata dal Richelieu; appoggiò la carriera militare del Gran Condè, che lo ripagò con la bella vittoria di Rocroi, contribuì in questo modo alla conclusione della guerra dei Trent'anni e alla firma della pace di Vestfalia, che indebolì sensibilmente la dinastia asburgica, ponendo l'Alsazia a e la Lorena sotto il controllo francese. In politica interna si dimostrò poco sensibile alle esigenze del popolo minuto, che difatti non lo amava. La debolezza e le contraddizioni della reggenza della regina Anna diedero il via a nuove guerre civili, meglio note come la "*guerra della Fronda*", dal 1648 al 1652.

La Fronda parlamentare e quella dei principi (in cui fra l'altro venne coinvolto anche il Condè), che riuniva gli esponenti dell'aristocrazia, si coalizzarono e costrinsero il cardinale italiano e la corte ad abbandonare la capitale. Mazzarino, rifugiatosi in Germania, diresse le operazioni delle truppe rimaste fedeli alla monarchia e nel 1652 poté rientrare trionfalmente a Parigi con la regina ed il giovane sovrano Luigi XIV.

Da quel momento in poi dedicò le sue energie alla grandezza e alla gloria della Francia. Luigi XIV, divenuto maggiorenne e re, lasciò il governo nelle mani del cardinale, la cui politica trovò il suo apice nella pace dei Pirenei (1659), che pose fine alla lunga guerra con la Spagna e assegnò alla Francia il controllo dell'Artois e del Rossiglione.

La pace venne suggellata dall'augusto matrimonio tra Luigi XIV e Maria Teresa, erede al trono di Spagna, premessa delle future pretese della Francia alla successione spagnola. Mazzarino, come già il suo predecessore Richelieu, accumulò un'enorme fortuna che lasciò interamente in eredità al re. Grande collezionista di opere d'arte, mecenate, introdusse alla corte francese l'opera italiana; fondò l'*Institut de France* e mise a disposizione del popolo la sua ricchissima biblioteca (l'attuale *Bibliothèque Mazarine*). Una sua nipote, Olimpia Mancini, Contessa di Soissons, fu la madre di Eugenio di Savoia.

le il conflitto si trascinò addirittura fino al 1659. Intanto l'arciduca Leopoldo, fratello dell'imperatore, divenne il nuovo governatore dei Paesi Bassi. Il suo particolare attivismo permise alla Spagna di recuperare parte del terreno perso contro i francesi nel corso del 1647. Nel 1648 fa la ricomparsa sul teatro di Fiandra una nostra vecchia conoscenza: Enrico II di Borbone principe di Condé, in sostituzione di un inefficiente generale Gassion. Egli si prese la città di Ypres ma perse quella di Courtrai. Un'ultima offensiva ispano-imperiale pose sotto assedio la città di Lens. In questa, che fu probabilmente l'ultima grande battaglia della guerra, il 20 agosto del 1648 il Condé sconfisse clamorosamente le armate nemiche e si riprese definitivamente Lens e Furnes. La pace di Westfalia diventava tuttavia operativa, mentre la Francia era nuovamente coinvolta in una nuova potente guerra civile, quella già più volte ricordata denominata della Fronda.

Tutto ciò permise alla Spagna di prendere fiato e recuperare buone posizioni, ma questa è una vicenda nuova e successiva alla guerra dei 30 anni, che esula dalla nostra ricerca.

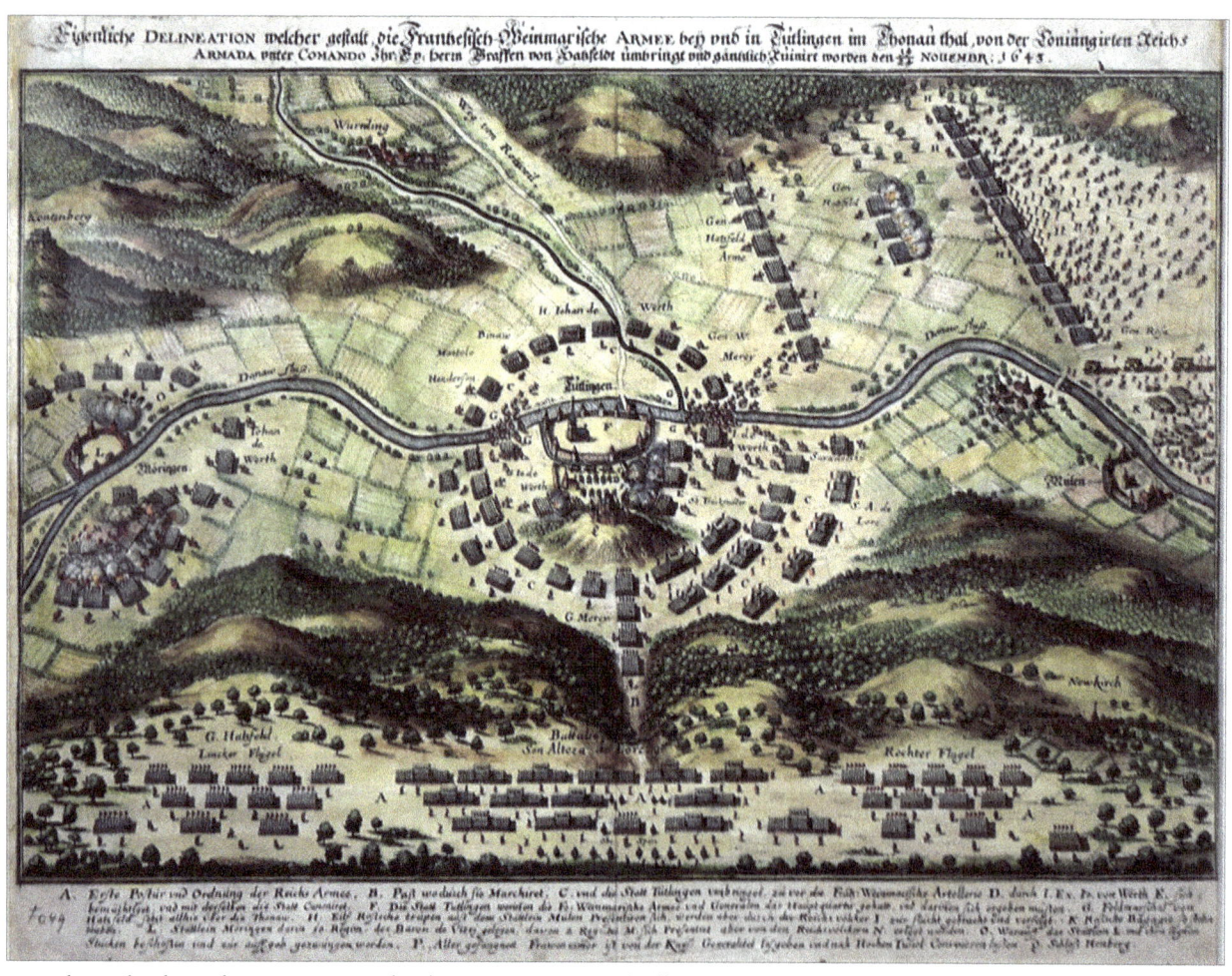

▲ *La battaglia di Tuttlingen. M.Merian da Theatrum Europaeum (Collezione privata)*

Theatrum Europaeum
il Giornale del tempo…

In questo numero: Ragion di stato e guerra di religione, dalla cronaca di Johann Wencker
Battaglia di Rocheroy tra Francesi e Spagnoli del Gualdo Priorato.

RAGION DI STATO E GUERRA DI RELIGIONE,

Dalla cronaca di Johann Wencker. Strasburgo, 1636 e seguenti.

Il giorno 20 marzo dell'anno 1637 l'ultimo duca di Pomerania - signor Bogislao - è morto senza lasciare alcun erede, evento, questo, che causa grossa alterazione nelle cose di stato in Germania. E questo è dovuto ai seguenti motivi: allorché nel 1630 re Gustavo Adolfo di Svezia era giunto in Pomerania, aveva trovato quest'ultima occupata dagli eserciti imperiali, i quali avevano occupato il suo territorio parte con la forza e parte tramite accordi. Pertanto il re, il 10 luglio del suddetto anno aveva concluso un certo patto con succitato duca, il quale - dai discorsi degli svedesi - aveva provocato non poche gelosie nel princi-

pe elettore del Brandeburgo, il quale covava mire di vassallaggio in questo considerevole principato, ma si rendeva conto che l'intero paese era nelle mani degli svedesi che a causa del mare erano in un'ottima posizione rispetto alla Pomerania. Il principe di Brandeburgo, che allora era un personaggio molto lodato dagli eserciti imperiali, sopportava la situazione dissimulando, nella convinzione che tra due mali fosse conveniente scegliere il più sopportabile e che, data la situazione in cui versava al momento, fosse necessario trovare un accomodamento. Pertanto, egli concluse un accordo con il re, nella speranza che il tempo, ed un trattato di pace favorevole, potessero facilitargli il compito. Allorché però, dopo la morte improvvisa del re si indisse l'adunanza di Francoforte, nel corso della quale (con l'istanza di una ricompensa per la Svezia) tra le altre cose si formulò la proposta della cessione

▲ *Lo stadtholder olandese con la guardia e il suo entourage a Frozen Hofvijver. Dipinto di Adam van Breen*

della Pomerania (nonostante le mire di pretesa del Brandeburgo) egli continuò ad attendere in modo costante e sostenne dinnanzi occupatis(?) la preferenza verso la cessione del principato elettorale di Magonza invece del Brandeburgo. La proposta non solo venne accolta violentemente, ma causò grosso disgusto a Sua Grazia il principe, tanto che forse a questo fatto è da ascrivere la velocità con la quale la stessa (Svezia) accettò così prontamente la pace di Praga dopo la sconfitta di Nordlingen ed il contingente svedese fu così veloce ad andarsene subito dopo. Questo ha causato la ratio status da entrambe le parti. Il presente caso mi ha ora dato lo spunto per riflettere su queste cose: e cioè se fosse la sola differenza di religione la causa delle incomprensioni e della sfiducia nel Sacro Romano Impero, oppure se a ciò concorresse anche la ratio status. Su questo problema ho proceduto ad indagare in modo approfondito in actis publicis degli storici, e sono giunto alla conclusione di dare la priorità proprio a questo, mentre l'altro viene ben più spesso usato a copertura del vero motivo. Sulla veridicità di questa affermazione suppongo di poter portare come testimonianza diversi esempi tratti dalle principali casate e non molto difficili da trovare (...) Un tale esempio è costituito dalle due casate elettorali del Palatinato e della Sassonia, dove la grossa emulazione tra le due è nata ovunque ed è causata non tanto dal calvinismo e dal luteranesimo, quanto piuttosto da ratio status. Di conseguenza, nonostante all'atto di costituzione dell'Unione, il Palatinato ha compiuto forti sollecitazioni verso la Sassonia, allo scopo di farvi aderire non solo la propria casata e quella di Sassonia, ma anche tutti gli altri Circoli, non appena il Palatinato pervenne alla decisione di tenere per sé la presidenza dell'Unione, si poté notare quanto segue: ognuno venne chiamato ad aderire in qualità di potente parte religiosa, e cioè tutti coloro i quali erano stati confermati dalla pace di religione. Ciò condusse a debolezze e scrupoli, cui seguirono cattivi officia. Così, allorché nell'anno 1609 il duca di Wilhelm morì a Gulch, dato che non si aveva sottomano nessun erede maschio in vita, la Sassonia avanzò pretese su quei tenitori in virtù di un vecchio atto di diritto feudale più volte confermato da diversi imperatori, non parendogli disdicevole neppure il sequestro. Ma il Palatinato - con l'aiuto dell'Unione e della Francia - rivendicò le stesse terre al figlio della figlia del defunto e gli garantì il loro possesso, frustando le speranze della Sassonia. Queste ultime tornarono ad essere valide soltanto nel 1620 con la campagna e la grande diversione di Laussnitz, durante le quali - nonostante la Sassonia fosse fedele al calvinismo - anche gli imperatori della casata d'Asburgo dimostravano di esservi pienamente affezionati (...). E tutto ciò avveniva anche a causa della speranza non ancora completamente perduta di poter col tempo entrare in possesso di alcune delle terre di Gulch. Così è certo da supporre, che egli non potesse non notare la conseguenza - che peraltro fu tirata nel collegio dei principi elettori non cattolici - al momento della rovina del Palatinato, dove egli non avrebbe rivendicato un piqué privata. (...) Summa: l'emulazione dei tedeschi causa eversione in modo particolare fra gli evangelici. Da ciò si può riconoscere la punizione divina, perché se i cattolici fanno e disfano l'un con l'altro, e se una prebenda non dovesse bastare per arrivare allo stato, ne vengono conferite loro delle altre, gli evangelici - in virtù del fatto che ognuno vuole migliorare se stesso - si rovinano l'un l'altro. Se poi risaliamo con la memoria sino all'inizio delle "differenze" in materia di religione (che presto cominciarono ad essere difese a suon di spada), ci rendiamo conto come 1 protestanti non si trovano mai d'accordo l'un con l'altro e come neppure palleggino per una sola persona, bensì come alcuni tra loro si sono riuniti a Smalcalda, mentre altri sono rimasti (...) spectatores ed altri ancora hanno invece cercato il loro utile ed il loro vantaggio a danno degli altri. Questi ultimi poi, non hanno esitato a prestare pronto aiuto alla controparte, cosicché quasi ci si deve meravigliare del fatto che dopo lo scioglimento del trattato e del Principe elettore Giovanni Federico essi non siano stati totalmente estirpati. Se si volesse poi chiedere l'opinione dei francesi, si vedrebbe come secondo loro l'imperatore Carlo V avrebbe certo potuto estirparli, ma che egli vi abbia

▲ *Satira della guerra dei trent'anni. L'olandese Federico Enrico e il Cardinal Infante tirano a dadi a un tavolo su cui è appoggiata una mappa militare. Sono presenti anche il papa, i vescovi di Magonza e Colonia, il re di Spagna, l'imperatore, il re di Francia e il cardinale Richelieu. Le vittime del gioco sono i contadini e il popolino che stanno gemendo sotto il tavolo. Rijksmuseum*

deliberatamente rinunciato, allo scopo di averli al proprio servizio a difesa del ducato di Milano e contro Enrico II loro re, oltre che persino contro lo stesso pontefice. Questa interpretazione potrebbe facilmente costituire, dopo la disposizione divina, la causa politica apparente dell'andamento delle cose. Purtroppo però, in quell'occasione - e precisamente con il trasferimento dell'elettorato e delle terre che da esso dipendono, Carlo V ha seminato una malerba pervicace di dissenso tra le due casate della Sassonia: Wismar e Dresda e nelle loro linee di successione, dato che da allora le azioni dei successori di questi ultimi hanno come scopo principale da una parte di mantenere ciò che posseggono e dall'altra di riconquistare ciò che hanno perduto. Con questo atteggiamento costoro hanno però servito a dover gli imperatori seguenti, in quanto essi da un lato hanno saputo consolare la discendenza augustea con la donazione di Gulch, mentre dall'altro hanno fornito un buon appoggio alla linea, perché essi si sono staccati in parte dalla casata d'Austria e si sono insinuati in parte in Francia (...). Questo fatto ha provocato una divisione tra i protestanti. Ora, se essi uniti erano in grado non soltanto di mantenere ciò che era in loro possesso, bensì anche di occupare qualcosa in più, una volta separati potevano espandersi poco nei confronti dei cattolici. In effetti poi, il loro potere era ancora minore, dato che una parte di essi si è volta contro l'altra, così che alla fine hanno dovuto rovinarsi vicendevolmente. Questo errore per gli aderenti alla lega di Smalcalda è stato fatto ratione protestantium. Essi non hanno però incontrato ed avuto a che fare con un altro Carlo V, il quale desiderava conservarseli par raison d'Etat, bensì hanno incontrato un imperatore il quale aveva in devozione i

▲ *Il Portogallo si rese nuovamente indipendente approfittando della crisi spagnola. In questa tavola scene di vita di re Giovanni IV. M.Merian T.E. (Collezione dell'autore)*

gesuiti, i più aggueriti oppositori degli evangelici. I gesuiti furono in grado di disporre la coscienza dell'imperatore in tal guisa, che egli non osava intraprendere la minima cosa senza la loro previa approvazione. Su tale disposizione vi sono molti esempi a testimonianza. Così, se la Corte imperiale, oppure il Consiglio di corte dell'imperatore comandavano qualcosa di buono o di giusto, i Gesuiti procedevano poi a cambiare la decisione, in virtù del loro cosiddetto consiglio di coscienza. Questo andamento ha contribuito a fornire all'imperatore un comodo pretesto per estendere la propria autorità imperiale attraverso questo mezzo; (...) così l'imperatore ha deposto la pelle di volpe, che aveva usato prima dell'elezione ed ha cominciato ad utilizzare invece seriamente le zampe da leone, non

appena l'un o l'altro gli fornivano l'occasione. In tutto ciò, comunque, la divisione in seno ai protestanti ha fornito all'imperatore il principale aiuto. (...) Resta ancora da calcolare, che cosa abbiano regalato la pazzia tedesca ed i conflitti di religione ai terzi, e cioè ai francesi ed agli svedesi: un reame, un delizioso pezzo di terra tedesca messo in ottima posizione, oltre ad alcuni voti ed altri diritti durante le adunanze dell'Impero e dei Circoli e, non da ultimo, una grande reputazione. Al contrario, invece, le persone che sono state coinvolte in tali spedizioni hanno subito delle perdite e non hanno certo guadagnato nulla per se stessi in tutto ciò. La Francia in tutta questa confusione causata dai litigi ci ha guadagnato parecchio, e, oltre ai vecchi territori occupati, si è vista confermare quanto già guadagnato attraverso i trattati di pace dell'Impero. Molto peggiore si è rivelato invece il caso dei sudditi contribuenti, i quali si sono trovati così estenuati per i drenaggi di denaro, da non poter contribuire oltre, cosicché costoro sono precipitati nella più cupa disperazione, tanto da dubitare se nelle trattative di pace tra Spagna e Lotaringia che li attendeva sarebbero rimasti dell'uno o dell'altro. Se poi andiamo ad analizzare la situazione fuori dall'Impero, ci rendiamo conto che la Spagna ha speso così tanto denaro in nome della casata tedesca d'Austria, che le armate di stanza in Catalogna, per mancanza di regolari pagamenti, hanno cominciato ad affliggere la popolazione in modo tale che quest'ultima finirà per ribellarsi e per trascinare anche il Portogallo con sé per questo motivo. Per la stessa causa, anche Firenze ha svuotato i propri tesori lungamente accumulati e la Lotaringia ha perduto la propria terra e, cacciata, è vista ora come arbitro delle parti ancora in guerra, a causa delle proprie armate riunite e della propria forte liquidità. Non è certo questa la sede adatta per discutere su come andranno a finire le cose: di fatto la disastrosa guerra dei Trent'anni deve servire ai tedeschi come ammonimento e molto più in questo particolare momento, in cui non è più tempo di fare dello spirito sui danni altrui, ma è molto più utile avere costantemente dinnanzi agli occhi quei danni subiti da noi stessi e ricordarci di non accettare mai aiuti promessi contro i nostri propri compatrioti, perché alla fine questi aiutanti si porteranno via tutto il guadagnato.

BATTAGLIA DI ROCHEROY TRA FRANCESI E SPAGNOLI.

Da Dell'Historia di Gualdo Priorato Galeazzo volume terzo cit. pag. 183

Avanzatosi l'esercito francese dopo mezzogiorno il dì 18 maggio salutato prima il campo Spagnolo con molte cannonate, per lo spazio di quattro ore, che venne dagli austriaci reciprocamente corrisposto, che si stette tutta la notte a cavallo facendo gli spagnoli un grand'errore nell'abbandonare il primo posto vantaggioso appresso alla città, e ridursi in battaglia con molto mal ordine in poca, e angusta campagna, come se la disciplina di Fiandra non avesse mai conosciuto il modo di governare: e come se il conte di Fontana in cinquant'anni d'esperienza non avesse saputo conoscere il vantaggio di un posto, il che conosciuto dal duca di Alburquerque, ben protestasse doversi dare ben altra forma al detto esercito, mai non vollero ne il Mello, ne il Fontana cambiare essa ordinanza; onde attaccata la cavalleria spagnola da quella francese nel corno destro fu ributtata con gran danno di due reggimenti di fanti svizzeri, e uno di Picardia diposti nel vacuo delli squadroni delli cavalli, che furono quasi totalmente disfatti, guadagnando gli spagnoli il loro cannone, e sbaragliando totalmente quella cavalleria: ma avanzatosi l'ala destra de francesi, condotta da Gassion con gran bizzarria contro il corno sinistro degli austriaci debole, e non sostenuta da alcuna fanteria, ove dopo aversi difeso da due precipitosi urti soprafatto finalmente dal grosso dei francesi andò in disordine, restando la maggior parte tagliata a pezzi con tanta confusione, e spavento degli altri che spiccatosi il detto Gassion con maggiori forze addosso alla cavalleria austriaca, che quindi era accorsa per suffragar i

▲ *Mappa della fortezza di Rocroi*

compagni, e dopo molto, e faticoso contrasto fu superata, e urtando in due squadroni di fanti del Mastro di campo Sardi, di Don Antonio di Vellanda, che restò morto sulla piazza con un altro Mastro di campo, e col conte di Vidialba, e più di venti capitani, li sbaragliò totalmente, costringendo il Mello a ritirarsi alla volta di un battaglione di fanteria italiana di Don Giovanni delli Ponti, sopra di cui fu fatta una furiosa scarica da uno squadrone di cavalleria, e fanteria francese, che fece gran ruina ne gli spagnoli, per lo che ordinò al mastro di campo di ritirarsi, poiché tutto era perduto, e così fu eseguito con perdita di poca gente per il sito favorevole. Vi restarono però con diversi soldati, alcuni capitani e il sergente maggiore dello Strozzi, e gli altri squadroni di fanteria spagnola, e nonostante, che avessero fatto due scariche capitolarono con francesi, ed ebbero quartiere da 2500. Il rimanente per andar in 600 restò sulla campagna con molti alemanni, e borgognoni, non essendosi salvati altri che tre reggimenti italiani, disgustati, perché in quell'occasione gli spagnoli volesse essi soli ambi li corni della vanguardia, ponendo questi quasi come soldati vili nella battaglia, per il quale sinistro successe in questo lato, perdendo gli spagnoli quella buona fortuna, che avevano ottenuta contro l'ala sinistra dei francesi, dove la cavalleria di questi fu malamente trattata, per conseguenza da questo ne avvenne la perdita di questo fatto d'armi, che si può commemorare fra li più cospicui, che siano seguiti in questo secolo, essendosi in questo impegnate l'armi più veterane, e più stimate della Fiandra, della Francia, con tanti capi valorosi e di condizione. Morirono in questo fatto d'armi circa quattro mila soldati del partito spagnolo, la maggior parte fanti veterani.

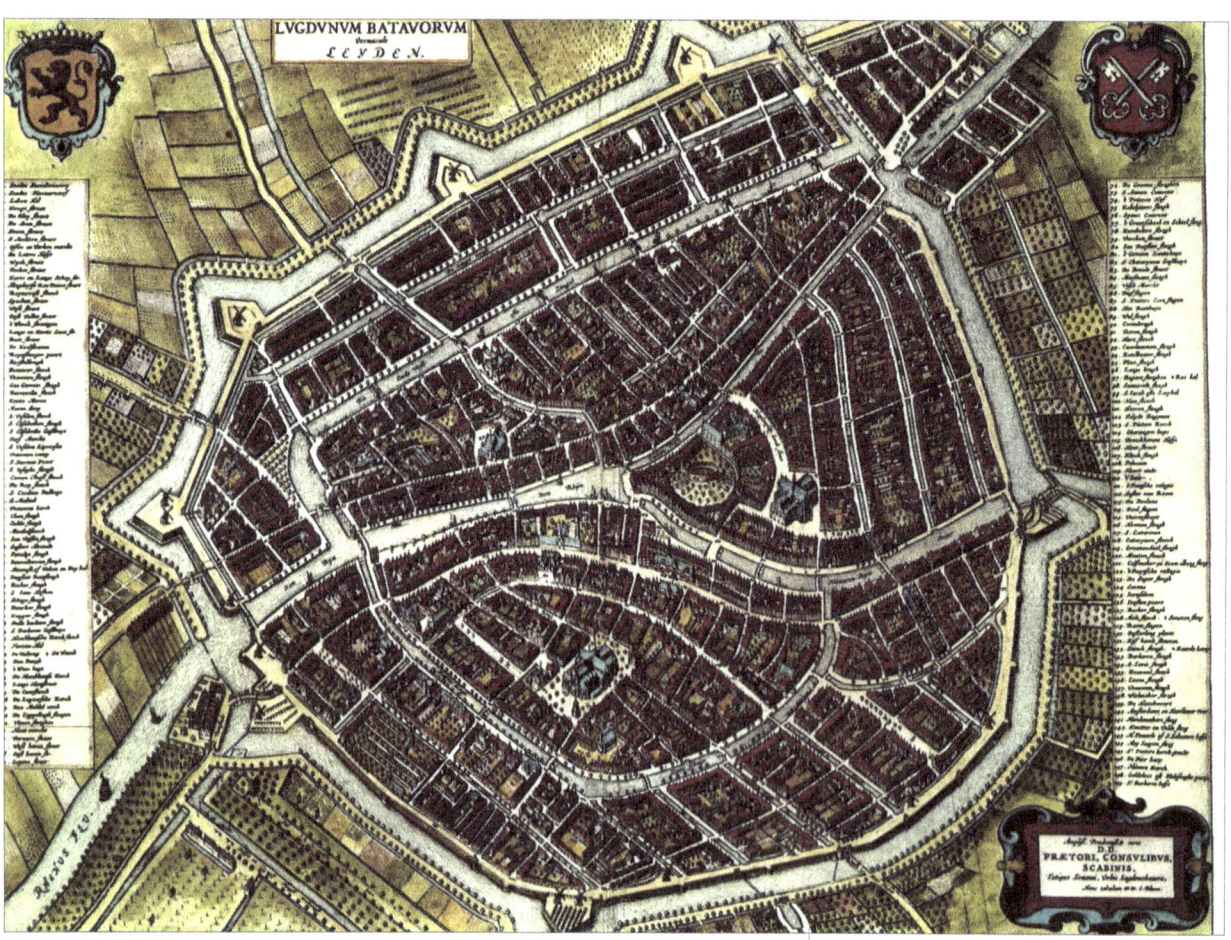

▲ *Mappa di Leida città natale di Rembrandt, all'epoca già importante centro universitario. Stampa coeva (Collezione privata)*

REMBRANDT, HARMENSZOON VAN RIJN 1606-1669

Probabilmente il più grande pittore olandese, uno dei più grandi artisti nella storia dell'arte occidentale. Nacque a Leida, che a quel tempo era una delle più importanti città dei Paesi Bassi. Il padre Harmen era un mugnaio e la madre Cornelia era figlia di un fornaio.

I suoi genitori ebbero dieci figli e della sua famiglia si conosce poco, eccetto che doveva essere di condizione piuttosto agiata.

Nel maggio 1620 si iscrisse all'Università di Leida, la più antica del paese, conosciuta in tutta Europa. Non aveva ancora quattordici anni, ma a quel tempo era abbastanza usuale entrare in Università in giovane età.

Alla fine del 1631 Rembrandt si trasferì ad Amsterdam, qui cominciò ad ottenere le prime commissioni ed ottenne i primi grandi successi.

Il pittore si dimostrò subito di categoria superiore e la critica unanime lo riconobbe immediatamente. Nel giugno del 1633 si fidanzò con la cugina Saskia, che sposò un anno dopo.

Oramai Rembrandt si era affermato.

Nel 1639 acquistò un'imponente dimora che attestava visibilmente la sua ricchezza e la sua condizione. Nonostante il successo artistico, la sua vita fu segnata da tragici avvenimenti: Tra il 1635 e il 1640 ebbe tre figli, che morirono tutti in tenera età; un quarto ed ultimo figlio, Titus, nato nel 1641, contrariamente agli altri, sopravvisse, ma fu Saskia poco dopo a morire, a soli ventinove anni, il 14 giugno 1642.

Anno particolarmente importante nella vita dell'artista, perché fu quello in cui realizzò *"La ronda di notte"*, la sua opere più famosa, il quadro più ambizioso mai dipinto fino ad allora da un artista olandese. In questo celebre dipinto del 1642 è raffigurata la guardia civica comandata dal capitano Frans Banningh Cocq, ritratta mentre esce dalla caserma per prepararsi a una parata militare. I suoi guai non finirono con i lutti citati: sopraggiunse infatti anche la bancarotta,

dovuta anche al suo dispendioso stile di vita. L'inventario dei beni che Rembrandt mise all'asta per saldare i debiti rivela la varietà dei suoi interessi artistici: sculture classiche, dipinti fiamminghi e del Rinascimento italiano, oltre ad armi e corazze e strambi oggetti orientali.

Nel 1660 dopo aver ceduto praticamente tutti i beni passò a vivere in una modesta abitazione in una delle zone più povere della città.

Da un secondo complicato matrimonio ebbe ancora due figli di cui la seconda, Cornelia fu l'unica a sopravvivere al padre.

Mentre il figlio Titus aprì una società di commercio che risollevò almeno parzialmente l'indigenza della famiglia.

Nel 1663 perse anche la seconda moglie e, poco dopo, anche il figlio Titus. Rembrandt rimasto solo continuò a lavorare con immutata abilità fino alla fine dei suoi giorni e morì il 4 ottobre 1669, a sessantatré anni, e quattro giorni dopo venne sepolto ad Amsterdam in un luogo purtroppo rimasto sconosciuto.

▲ *La celeberrima Ronda di Notte di Rembrandt (particolare centrale della tavola). Rijksmuseum, Amsterdam*

CAPITOLO 11
LA FASE FRANCESE (1641-1648)
LA GUERRA DI TORSTENSSON

Torstensson e Wrangel sono gli ultimi geniali comandanti svedesi, eredi della gloriosa tradizione militare inaugurata da Gustavo Adolfo, che chiuderanno per gli interessi della Svezia il capitolo della guerra dei 30 anni. Torniamo quindi alla morte del Banér avvenuta nel maggio del 1641, a seguito della quale l'esercito svedese diede vita all'ennesimo ammutinamento, come sempre causato dal malcontento per le paghe arretrate e dalla generale stanchezza diffusa e provocata da questa interminabile, inconcludente e feroce guerra.

In quei giorni Lennart Torstensson si trovava in Svezia. Nel frattempo i francesi ed alcuni reparti svedesi rimasti operativi in Germania posero l'assedio a Wolfenbuttel, con l'intento di aiutare i duchi di Brunswick e con ciò conservarli nella loro alleanza contro l'imperatore.

In campo imperiale intanto l'ormai inefficace Gallas era stato sostituito nel comando dal generale Piccolomini e dall'Arciduca Leopoldo, fratello di Ferdinando III. I due, di comune accordo, decisero di approfittare della confusione che in quei giorni regnava nelle fila svedesi, proponendosi di liberare la città di Wolfenbuttel dall'assedio franco svedese, ma nello scontro che ne seguì di fronte alla città, il comandante francese Guebriant riuscì a bloccare il nemico e successivamente a conquistare la città; tuttavia la campagna fu compensata per gli imperiali dalla defezione nel campo avverso dei duchi di Brunswick. Torstensson intanto nel novembre del 1641 sistemava la sua nuova armata a Winsen. Quello che gli si presentava davanti agli occhi era un esercito demotivato e depresso e senza alcuna voglia di riprendere le operazioni belliche.

Il maresciallo svedese aveva però dalla sua un paio di assi da calare sul tavolo: i talleri sufficienti a pagare tutte le pendenze arretrate e ben 8.000 fresche reclute native, con cui riprendere in mano le redini della situazione e bloccare sul nascere ogni nuova turbativa.

I quartieri invernali concorsero poi a regolarizzare definitivamente i malumori. Piccolomini dal canto suo, faceva lo stesso e rendeva più solide le sue posizioni nei dintorni di Tangermunde, sperando, con l'avvio delle operazioni militari nel

▲ *Due generali svedesi da Frohlich*

95

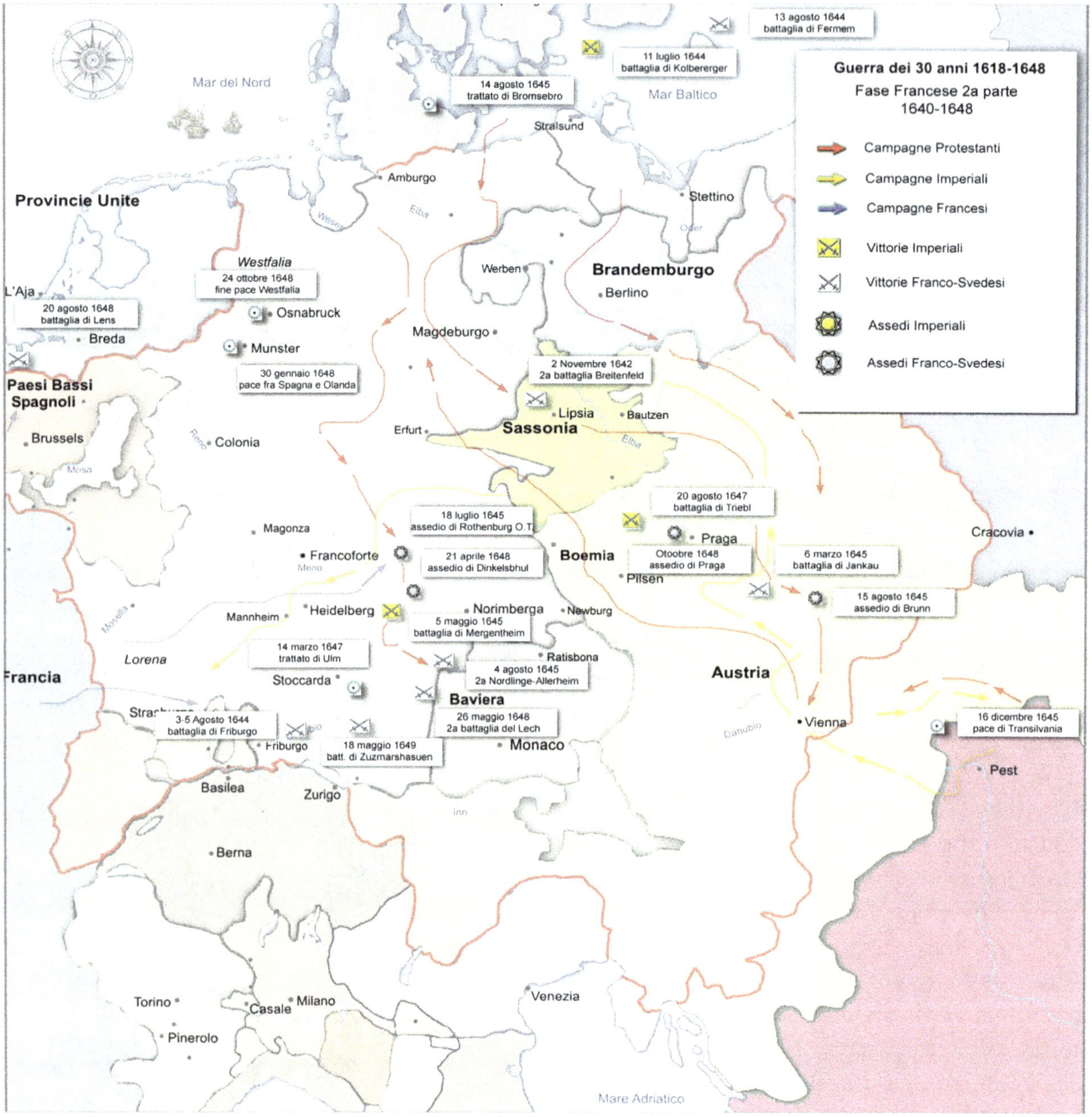
Guerra dei 30 anni 1618-1648
Fase Francese 2a parte
1640-1648
Campagne Protestanti
Campagne Imperiali
Campagne Francesi
Vittorie Imperiali
Vittorie Franco-Svedesi
Assedi Imperiali
Assedi Franco-Svedesi
Mar del Nord
Mar Baltico
13 agosto 1644
battaglia di Fermem
11 luglio 1644
battaglia di Kolbererger
14 agosto 1645
trattato di Bromsebro
Stralsund
Amburgo
Stettino
Provincie Unite
Westfalia
24 ottobre 1648
fine pace Westfalia
L'Aja
20 agosto 1648
battaglia di Lens
Osnabruck
Breda
Munster
30 gennaio 1648
pace fra Spagna e Olanda
Paesi Bassi Spagnoli
Brussels
Colonia
Werben
Brandemburgo
Berlino
Magdeburgo
2 Novembre 1642
2a battaglia Breitenfeld
Lipsia
Sassonia
Bautzen
Erfurt
20 agosto 1647
battaglia di Triebl
18 luglio 1645
assedio di Rothenburg O.T.
Magonza
Francoforte
21 aprile 1648
assedio di Dinkelsbhul
Boemia
Praga
Otoobre 1648
assedio di Praga
Pilsen
6 marzo 1645
battaglia di Jankau
Cracovia
15 agosto 1645
assedio di Brunn
Mannheim
Heidelberg
Norimberga
5 maggio 1645
battaglia di Mergentheim
Newburg
14 marzo 1647
trattato di Ulm
Ratisbona
4 agosto 1645
2a Nordlinge-Allerheim
Lorena
Francia
Stoccarda
Austria
Baviera
3-5 Agosto 1644
battaglia di Friburgo
26 maggio 1648
2a battaglia del Lech
Vienna
16 dicembre 1645
pace di Transilvania
Friburgo
18 maggio 1649
batt. di Zuzmarshasuen
Monaco
Pest
Basilea
Zurigo
Berna
Torino
Casale
Milano
Venezia
Pinerolo
Mare Adriatico

▲ *Mappa delle campagne di Torstensson e Turenne nella fase finale della Guerra dei trent'anni (1640-1648). Tavola dell'autore*

nuovo anno 1642, di ricacciare gli odiati nemici svedesi nuovamente sul Baltico.

I loro movimenti vennero però notati dalle pattuglie di cavalleria svedesi. Torstensson, con una fanteria più solida a dispetto di un'inferiorità in cavalleria, mosse sulla linea Salzwedel-Werben. Gli imperiali raggiunsero la posizione, ma giusto per constatare che essa era assai forte e, dopo averne saggiato la difesa, decisero di ritirarsi verso marzo sulla cittadina di Eisleben. Sembrava che la rituale aggressività svedese avesse lasciato il posto ad un catenaccio difensivo inusuale che aveva sconcertato persino i generali imperiali.

In effetti le nuove indicazioni di Stoccolma andavano in quel senso: si dovevano risparmiare soldi e sangue, ma Torstensson era di tutt'altro

LE FASI DELLA GUERRA DEI 30 ANNI – CRONOLOGIA

Fine della fase francese e gli ultimi fuochi (1643-1648)

Episodi, battaglie e diete, oltre che principali fatti artistici, scientifici o letterari riportate in ordine cronologico. Con asterisco sono indicate le vittorie protestanti.

1641, 29 Giugno: battaglia di Wolfenbuttel fra svedesi e imperiali *.

1641 21 dicembre preliminari di Amburgo per i trattati di pace di Westfalia.

1642 4 maggio assedio di Glogau*.

1642 31 maggio battaglia di Schweidnitz fra svedesi e imperiali-sassoni *.

1642 14 giugno Torstensson conquista Olmutz*

1642 25 luglio ha luogo lo scontro di Troppau fra imperiali e svedesi.

1642 29 luglio si combatte la battaglia di Codigoro fra pontifici e veneziani.

1642 2 novembre seconda battaglia di breitenfeld fra Svedesi e imperiali*.

1643 24 ottobre si combatte la battaglia di Pitigliano fra fiorentini e pontifici.

1644 31 marzo viene siglata la pace di Venezia per la guerra di Castro.

1644 29 luglio muore Papa Urbano VIII Barberini

1644 11 luglio ha luogo la battaglia navale fra danesi e svedesi a Kolbererger.

1644 3-5 agosto ha luogo la battaglia di Friburgo fra francesi e bavaresi *.

1644 13 ottobre si combatte la battaglia navale fra svedesi e danesi a Fermem *.

1644 25 settembre viene eletto il nuovo pontefice Innocenzo X.

1645 6 marzo si combatte la battaglia di Jankau fra svedesi e imperiali *.

1645 Pascal inventa la prima macchina calcolatrice

1645 5 maggio battaglia di Mergentheim fra imperiali e francesi.

1645 14 giugno battaglia Naseby (gue. civ. inglese)

1645 18 luglio assedio di Rothenburg o.d.T.

1645 4 agosto seconda battaglia di Nordlingen fra francesi e imperiali *

1645 14 agosto viene siglato il trattato di Brömsebro fra Danimarca e Svezia.

1645 15 agosto inizia l'assedio di Brunn da parte dell'armata del Torstensson.

1645 19 ottobre si combatte la battaglia della Mora fra sabaudi e spagnoli.

1645 16 dicembre pace fra l'imperatore e Rakoczy principe di Transilvania.

1645 23 dicembre Torstensson costretto dalla malattia rinuncia al comando sostituito da Wrangel

1647 14 marzo viene siglato il trattato di Ulm fra Francia, Baviera e Svezia.

1647 18 giugno battaglia di Lerida in Catalogna fra francesi e spagnoli.

1647 16 luglio muore Masaniello leader principale della rivolta napoletana.

1647 Johannes Hevelius pubblica la prima mappa della luna in *Selenographia*.

1648 30 gennaio a Munster viene firmata la pace fra Olanda e Spagna.

1648 28 Febbraio muore Cristiano di Danimarca.

1648 30 aprile si combatte la battaglia di Grumone fra francesi e spagnoli.

1648 18 maggio battaglia di Zusmarshausen fra franco svedesi e imperiali *.

1648 26 maggio 2a battaglia del Lech fra franco svedesi e imperiali *.

1648 4 ottobre combattimento di Dachau vinto dal van Werth.

1648 24 ottobre la firma definitiva della pace di Westfalia mette fine alla guerra dei 30 anni.

1648 20 Novembre Bolla papale di scomunica contro i firmatari dei trattati di Westfalia.

1650 16 giugno conclusione ultimi trattati nella sede di Norimberga.

avviso ed indole e, avendo esaminato freddamente la situazione strategica, aveva in serbo piani decisamente offensivi. Attualmente egli occupava saldamente la costa baltica, la Pomerania, il Meclemburgo, la Westfalia, oltre a diverse piazzeforti a sud. Egli utilizzò i freddi mesi di febbraio e marzo 1642 per preparare la sua offensiva, quindi il 5 aprile diede il via al suo rally.

Attraversò l'Elba ed entrò in Lusazia, conquistando alcune città e ponendo l'assedio alla fortezza di Glogau in Slesia il primo di maggio con i suoi 20.000 uomini.

Questa città era ben difesa da una guarnigione di quasi 2.000 uomini, supportati da sufficienti pezzi d'artiglieria e riserve di viveri.

Il generale imperiale Franz di Sassonia-Lauenberg, informato dell'assedio, si predispose per la sua liberazione, ma inutilmente, perché con un attacco generale Torstensson riuscì ad avere la meglio sui difensori di Glogau in soli tre giorni contando solo 200 perdite fra i suoi uomini.

Rinsaldate le sue truppe nel morale, il condottiero svedese iniziò una marcia trionfale nella provincia, conquistando tutte le città lungo il cammino, tranne la ben difesa Liegnitz che venne perciò ignorata, giungendo infine ai confini della Boemia. Nel mentre il Sassonia-Lauenberg dirigeva in zona un esercito di 8.000 uomini, troppo pochi per sperare di ottenere qualcosa contro Torstensson, egli cercò pertanto di prendere contatto ai primi di giugno con l'armata del Piccolomini, poco distante.

Ma Torstensson, ben informato dalla sua cavalleria, decise di mettersi nel mezzo, anticipando le intenzioni nemiche. Ed il 31 maggio 1642 lo svedese venne a contatto con l'esercito del duca Franz nello scontro di Schweidnitz.

Questi coraggiosamente guidò l'assalto imperiale, ma, colpito da due palle di cannone, stramazza gravemente ferito al suolo, gettando i suoi nella confusione più assoluta. In breve la battaglia è persa per i sassoni e alleati imperiali, che contano 4.000 perdite oltre a 1.200 prigionieri fra cui lo stesso duca, a fronte di irrisorie perdite da parte svedese. Una Canne in miniatura ed un piccolo capolavoro per il generale Torstensson, già primo artigliere di Gustavo Adolfo!

Piccolomini non poté far altro che ripiegare alla notizia della disfatta del suo alleato. Mentre lo svedese continuava indisturbato la sua calata entrando in Moravia, dove, il 14 giugno, conquista l'importante piazzaforte di Olmutz, chiedendo un favoloso riscatto di 300.000 talleri.

Sue avanguardie intanto gettavano lo scompiglio e lo sgomento totale nelle vicine province di Moravia, Boemia e persino d'Austria.

Vienna riviveva le tristi giornate del 1618-19, sembrava che tutti gli sforzi compiuti in tanti anni si stessero rapidamente dissolvendo sotto il martellante incedere di questo nuovo brillante e invincibile generale svedese.

1642 LA SECONDA BATTAGLIA DI BREITENFELD

Dopo aver perso Olmutz, gli imperiali cercarono di raggruppare un'armata in grado di fermare l'invasione. Piccolomini in luglio poteva così contare su quasi 25.000 uomini, in cui prevalevano i cavalieri (da 12 a 15.000).

Torstensson intanto procedeva a mettere l'intera regione sotto il suo controllo. Gli imperiali pertanto, intrapresero liberamente la loro offensiva, giungendo sotto Olmutz il 16 luglio.

Qui lasciarono un corpo di 5.000 uomini per operare l'assedio, mentre gli altri 20.000 uomini proseguirono verso nord. A Troppau, il 25 luglio, un forte contingente di cavalleria svedese tentò di fermare questa avanzata. Ma l'avanguardia imperiale diretta dal generale Montecuccoli mise in rotta gli avversari. Torstensson, resosi conto delle ultime difficoltà, abbandonò alcune posizioni ripiegando sul nord della Slesia.

CARL GUSTAF WRANGEL (1613-1676)

Carl Gustaf Wrangel, conte di Salmis (1613 - 1676), fu uno dei più importanti comandanti svedesi durante la Guerra dei trent'anni e la Seconda guerra del nord.

Nacque vicino ad Uppsala, dalla baronessa Margareta Grip av Vinäs e da Herman Wrangel, e discendeva per via paterna da una famiglia di origine baltico-tedesca, che aveva rami in Svezia, Russia e Germania.

Appena gli fu possibile, attorno al 1627 Carl Gustaf scelse di arruolarsi nell'esercito svedese, e all'età di vent'anni si distinse per la prima volta nel ruolo di capitano di cavalleria durante la Guerra dei trent'anni; tre anni dopo fu promosso a colonnello, e nel 1638 arriva all'ambito grado di maggiore-generale.

Nel 1637, prese parte nella campagna contro il maresciallo imperiale Gallas in Pomerania come sottoposto del generale Banér. Nell'occasione dimostrò tutto il suo straordinario talento. La sua avventura militare con il rissoso, violento e bestemmiatore Banér contribuì non poco a forgiare il giovane promettente ufficiale.

Dopo Banér, Wrangel divenne il secondo di Torstensson. Sotto il suo comando nel 1641 Wrangel si difese eroicamente a Wolfenbüttel da un attacco congiunto delle truppe imperiali sotto l'arciduca Leopoldo Guglielmo e Piccolomini.

Visse poi con certo timore la questione degli ammutinamenti che da tempo arrovellava l'esercito svedese a causa di una grave penuria di danaro necessario a garantire le paghe della truppa.

Il problema venne poi risolto dall'arrivo di Torstensson. Nel 1643 Wrangel invase lo Jutland a seguito della crisi con la Danimarca.

Wrangel nell'occasione si prodigò anche in battaglie navali. Nel 1644 comandò addirittura la flotta che riuscì a sconfiggere gli avversari nello scontro navale di Fehmarn del 23 ottobre.

▲ *Ritratto del generale svedese Wrangel*

Nel gennaio del 1645 Wrangel insieme a Torstenson è di nuovo in campagna nella Germania centrale dove insieme riporteranno la grande vittoria di Jankau, a circa dieci miglia da Tabor. Nel 1646 tornò in Germania, finalmente con il grado di feldmaresciallo, succedendo come comandante in capo delle forze svedesi a Lennart Torstenson, costretto ad abbandonare l'incarico per motivi di salute. A 33 anni egli si trova così per la prima volta al comando del prestigioso e celebrato esercito svedese.

Con questo ruolo condusse le ultime campagne della guerra, durante le quali, collaborando con le forze francesi del Visconte di Turenne, combatté in Baviera e nel Württemberg. La regina Cristina di Svezia, per i suoi meriti, lo nominò conte di Salmi e Suistamo, in Carelia; in seguito fu anche barone di Lindeberg, nella provincia svedese di Halland. Partecipò poi alla Seconda guerra del nord, nel 1655, tornando di nuovo al comando di una flotta. Carl Gustaf morì a Rügen, nella Pomerania svedese, il 5 luglio 1676.

Inseguito e pericolosamente sotto numero, il generale svedese riuscì tuttavia a districarsi ed il 20 settembre lo vediamo guadare il fiume a Glogau, il 17 ottobre abbandonò la posizione di Zittau e mosse a nord verso la Lusazia, passando poi l'Elba a Torgau il 25 dello stesso mese.

Il 27 è a Lipsia dove viene raggiunto e quindi rinforzato dai contingenti dei suoi generali Konigsmarck e Wrangel. Questo fatto gli permette perciò di pareggiare i conti con il nemico che lo segue da presso. Per una di quelle strane circostanze che durante la guerra dei 30 anni accadrà altre due o tre volte, i due avversari si ritroveranno di fronte sugli stessi campi di battaglia del 1631, vale a dire sulle campagne di Breitenfeld, che già videro la grande vittoria di Gustavo Adolfo. In quella giornata del 2 novembre le posizioni degli eserciti apparivano però invertite rispetto alla prima epica battaglia che lì era stata combattuta. Innanzitutto gli imperiali avevano il numero dalla loro: circa 26.000 contro poco più di 20.000 svedesi.

Più a nord lo schieramento imperiale e a sud quello svedese, al contrario della prima Breitenfeld.

Il risultato fu però lo stesso, una grande grave disfatta per gli imperiali, che la sera precedente avevano discusso a lungo sull'opportunità o meno di dare battaglia. Con Piccolomini che saggiamente invitava alla massima prudenza quando si aveva a che fare con gli svedesi, da lui più volte incontrati, e che perciò suggeriva un approccio temporeggiatore, una sorta di *"mordi e fuggi"*, che certamente non costituiva la strategia migliore per vincere la guerra, ma almeno avrebbe evitato di farla perdere. Per contro i "tedeschi" ed il fratello minore dell'imperatore, l'arciduca Leopol-

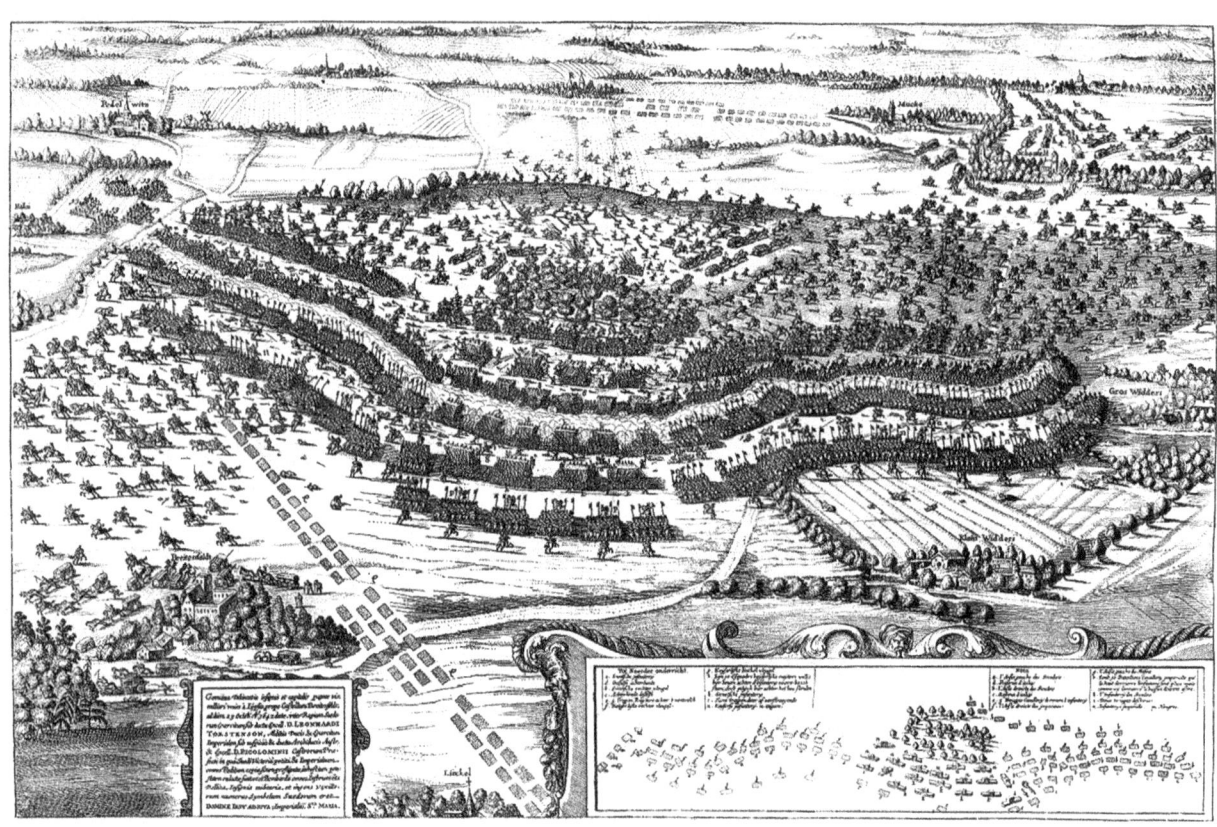

▲ *La seconda battaglia di Breitenfeld del 1642. M.Merian da Theatrum Europaeum (Collezione dell'autore)*

▲ *Immagine oleografica coeva della seconda battaglia di Breitenfeld*

do, erano per un forte attacco diretto, da farsi subito, prima che Torstensson guadagnasse tempo e prendesse contatti con l'armata francese di Guebriant distante poco più di 150 chilometri. Come risultato si ebbe così la seconda Breitenfeld, che fu una delle battaglie più grosse della guerra e certamente fra le più sanguinose. Gli imperiali ebbero a soffrire la perdita di almeno 10.000 uomini fra morti (la metà dell'armata) e feriti, oltre ad altri 5.000 fatti prigionieri, tutta l'artiglieria e tutti i treni annessi, quasi 180 fra bandiere e cornette. Breitenfeld non portava certo fortuna all'imperatore, entrambe le battaglie lì combattute costituirono due sonore disfatte, gravide di pericolose conseguenze. Gli svedesi pagarono comunque un prezzo salato per questo successo: 2.000 morti e altrettanti feriti ed il figlio di Banér, il colonnello Gustav Banér, finito tra i prigionieri in mano imperiale.

L'IMPERATORE VUOLE LA PACE

Ora Torstensson pianificava una nuova invasione di Boemia, Moravia e Slesia, ma per fortuna degli imperiali la stagione volgeva al peggio, obbligando tutti a fare gli usuali ricoveri nei quartieri invernali. Riepilogando, il 1643 portò in dote ai nemici degli Asburgo la bella vittoria di Rocroi, in cui i francesi distrussero ciò che di buono era rimasto dell'esercito spagnolo.

Il 23 giugno del 1643, qualche settimana dopo Rocroi, Ferdinando III incaricò ufficialmente i suoi ambasciatori ed emissari di aprire i negoziati di pace con Francia e Svezia.

Si decise che la sede di tali trattati fosse la città di Munster in Westfalia. Tuttavia i trattati veri e propri non iniziarono prima dell'inverno del 1644. A tale ritardo concorsero diverse vicende: innanzitutto alcune dispute fra gli stati tedeschi

101

e l'imperatore, la debole posizione della Francia in quel periodo, la nuova politica olandese ed infine lo scoppio di un nuovo conflitto fra Svezia e Danimarca, di cui parleremo più avanti.

Un altro elemento potenzialmente condizionante fu la morte del vecchio papa Urbano VIII, avvenuta il 29 luglio del 1644.

Papa Barberini fu per antonomasia il papa della guerra dei 30 anni, dato che il suo pontificato durò 21 anni. Urbano VIII fu sinceramente vicino alla Francia e questo fatto turbò non poco i disegni degli Asburgo, che mal digerivano questa per loro incomprensibile scelta di campo.

Innocenzo X, il nuovo papa, al secolo Giambattista Pamphili, fu invece eletto con il veto della Francia e perciò rimise il Vaticano nel solco della tradizione, vicina alla difesa degli interessi cattolici e degli Asburgo, loro massimi difensori nei confronti di ogni riforma protestante.

La corte spagnola lo ringraziò con quel capolavoro del Velásquez che lo ritrae. Tuttavia Innocenzo X non era un fine politico e, tanto per fare un esempio, il cardinale Chigi, assai vicino a Mazzarino e mandato dal suo predecessore a presiedere per il Vaticano i trattati di Westfalia, non venne da questi mai sostituito.

Il 1643 intanto iniziava con propositi bellicosi da parte del "vincente" Torstensson. Tuttavia la sua offensiva non riuscirà nell'intento di ripetere la gloriosa marcia verso il sud del suo scomparso Re Gustavo Adolfo. Per il momento lo vediamo ancora impegnato nell'assedio di Lipsia, che già aveva portato alla battaglia detta la seconda Breitenfeld da lui vinta in modo mirabile.

Il 7 dicembre Lipsia cadde nelle sue mani, ed i maggiorenti della grande città sassone dovettero versare la cospicua cifra di 150.000 talleri.

Dopo Breitenfeld, l'arciduca Leopoldo fece ritorno a Vienna, lasciando l'armata nelle mani più esperte del Piccolomini, che stazionava a Rakonitz.

Questi a febbraio mise insieme un'armata di 14.000 uomini, con la quale pianificava di distur-

▲ *L'imperatore Ferdinando III in armatura*

bare il Torstensson, sempre impegnato nella sua azione di conquista nella regione martoriata.

Piccolomini comunque con le sue manovre fece fallire l'assedio della cittadina di Freiburg, che finì con il costare ben 2.000 perdite agli svedesi. Come premio per questa buona strategia, Piccolomini venne incredibilmente sostituito nel comando da parte del noto e ormai spento maresciallo Gallas. Come conseguenza il 27 marzo, un piccato Ottavio Piccolomini lasciò l'incarico presso l'esercito imperiale per mettersi al servizio di quello spagnolo. In aprile Torstensson rompe gli indugi ed entra nuovamente in Boemia dalla parte della Lusazia, mentre il suo rivale Gallas approcciava correttamente i movimenti avversari cercando di impedire almeno l'accesso in Moravia. Ben disposto e con un giusto numero di uomini a disposizione, egli nell'occasione rappresentava un osso troppo duro perché lo svedese potesse pensare ad un attacco diretto.

Tuttavia al Gallas non riuscì di bloccare il movimento dell'avversario sui territori imperiali. Egli si accontentò di molestarlo con la sua superiore cavalleria ed in più di un'occasione i croati imperiali umiliarono i blasonati squadroni svedesi. Torstensson si era comunque portato fino a Brunn, dove sperava di riottenere l'antico aiuto dei transilvani, molto attivi nei primi anni della guerra ai tempi di Bethlen Gabor.

Ma per sua sfortuna i tempi erano assai cambiati, e verificata la loro assenza, insieme ad alcuni piccoli rovesci e rumori di movimenti da parte dei polacchi, il Torstensson pensò bene di ripiegare sulla Moravia prima e sulla Slesia poi, sempre seguito come un'ombra dal Gallas, che a ragione poteva ora vantarsi del brillante risultato della campagna militare del 1643. Ma questa non era l'unica buona notizia per l'imperatore. Buone novelle infatti arrivarono dalla Danimarca, dove re Cristiano, una volta nemico, stava entrando nell'ennesimo conflitto con i vicini svedesi.

▲ *La campagna svedese del 1643 sulle lande già desolate di Slesia, Boemia e Moravia*

▲ 1. Corazziere svedese del reggimento Tott. Questi soldati erano in netta prevalenza finnica. 2. Cavalleggero imperiale.
3. Cornetta del reggimento di cavalleria svedese King's German Life. 4. Cornetta del regg. corazzieri Tott. Tavola di L.Cristini

LENNART TORSTENSSON (1603-1651)

Generale ed ingegnere militare svedese, nacque a Forstena nella regione del Vastergotland.

All'età di quindici anni divenne paggio di corte del giovane Re Gustavo Adolfo e servì durante le campagne prussiane del 1628-29. Nel 1629 Torstensson fu messo a dirigere e ad ammodernare l'artiglieria svedese che, sotto la sua guida, contribuì parecchio alle vittorie di Breitenfeld e del Lech. Lo stesso anno fu fatto prigioniero ad Alte Veste e gettato in prigione per quasi un anno ad Ingolstadt. Passato quindi a combattere sotto Johan Banér, seppe distinguersi in molte occasioni: alla Battaglia di Wittstock e durante la fortunata campagna di Pomerania nel 1637-38, alla Battaglia di Chemnitz e nell'incursione in Boemia nel 1639. Durante la prigionia, contrasse una brutta malattia, una grave forma di podagra (dolorosa gotta ai piedi) che lo costrinse a ritornare in Svezia nel 1641 per curarsi; in tale occasione fu eletto membro del Consiglio Privato. Alla morte del Banér, Torstensson viene richiamato in Germania con il grado di generalissimo delle forze svedesi e Governatore Generale della Pomerania. Nel 1642 diede inizio alle sue devastanti campagne militari, marciando attraverso il Brandeburgo, la Slesia e la Moravia, conquistando praticamente tutte le fortezze principali incontrate lungo il cammino.

Tornato in Sassonia, distrusse l'esercito imperiale alla seconda Battaglia di Breitenfeld del 23 ottobre 1642. Nel 1643 invase nuovamente la Moravia, ma fu presto richiamato dal cancelliere Oxenstierna per invadere la Danimarca.

Alla fine del 1644 fa di nuovo ritorno per la terza volta nel cuore della Germania e all'inizio del 1645 fa irruzione in Boemia dove, il 24 febbraio 1645, riporta la schiacciante vittoria di Jankau, che gli apre libera la strada su Vienna.

Giunse effettivamente sui ponti del Danubio della capitale nemica, ma il suo esercito esausto era ormai incapace di sopportare sforzi

ulteriori e, a dicembre dello stesso anno, Torstensson, storpiato sempre più dalla gotta che lo costringeva a spostarsi in lettiga, fu costretto a dimettersi dal comando e a fare ritorno in Svezia. Nel 1647 la corte lo premiò con il titolo di conte. Dal 1648 al 1651 ebbe la nomina di governatore di tutte le province occidentali della Svezia. Morirà il 7 aprile 1651 a Stoccolma, dove verrà solennemente seppellito nella Chiesa di Riddarholm, il Pantheon delle glorie militari di Svezia. Torstensson fu probabilmente il più straordinario dei generali di Gustavo Adolfo, dotato di un'incredibile energia, nonostante la debilitante malattia che lo affliggeva.

CRISTINA DI SVEZIA 1626-1689

Nasce a Stoccolma l'8 dicembre 1626, figlia del re Gustavo Adolfo II Vasa e di Maria Eleonora di Brandeburgo. Morto suo padre nella battaglia di Lützen il 6 novembre 1632, si ritrovò ad ereditare la corona a soli 6 anni. Per dodici anni, fino al 1644 durante la sua minore età, la Svezia venne governata da un Governo di Reggenza con a capo il Gran Cancelliere del Regno Axel Oxenstierna. Personalità ricca e complessa, dotata di grande intelligenza, cominciò presto ad entrare in rotta di collisione con il Cancelliere e la Reggenza, che puntavano solo a darle marito.

Ma Cristina non si sposò mai, non rassegnandosi all'idea di passare in seconda linea rispetto a chi, sposandola, sarebbe diventato re del "suo" regno. Si dice che lei stessa, a 6 anni, a chi la ammoniva che ragionando così sarebbe morta zitella, rispose con alterigia e carattere: *"Io non morirò zitella, morirò scapolo!"*.

Alla fine, per sottrarsi a queste pressioni, Cristina dichiarò principe ereditario il cugino Gustavo Adolfo, il 10 marzo 1649.

Personalmente poco interessata alle lotte religiose, perseguì tenacemente la pace, anche contro il parere dei suoi consiglieri, e considerò il trattato di Westfalia con grande sollievo.

Era molto interessata, invece, alla cultura e all'arte. Ebbe fra i suoi protetti il celebre filosofo Cartesio, che morì proprio a Stoccolma, nel 1650. La Chiesa cattolica, che aveva considerato il luterano Gustavo Adolfo II tra i suoi più pericolosi avversari, fu sollecita a convincere la giovane regina della bontà della religione di Roma, mettendole a fianco, già dal 1650, il gesuita portoghese António Macedo, entrato in Svezia come cappellano dell'ambasciatore del Portogallo. Alla fine Cristina, corteggiatissima da intellettuali cattolici come Blaise Pascal, e ottenute ampie garanzie circa il mantenimento del proprio status regale, il 23 febbraio 1654

annunciò la propria irrevocabile abdicazione a favore del cugino Carlo Gustavo riguadagnando la propria totale libertà.

Per poter lasciare il paese senza provocare drammi o disordini, Cristina nascose al cugino e alla corte la propria conversione al cattolicesimo e la propria vera meta. Quindi Attraversò la Svezia in incognito, a cavallo, vestita da uomo e con una piccola scorta, dicendosi diretta in Danimarca. Giunta finalmente a Roma, la regina Cristina fu accolta con grandi onori e feste dal nuovo papa Alessandro VII Chigi, che aveva appena sostituito Innocenzo X e da tutta la nobiltà romana. Continuò poi per un paio d'anni a viaggiare per l'Europa. Tornata a Roma, scelse di insediarsi nel bel Palazzo Riario alla Lungara, dove Cristina, che non aveva mai rinunciato al titolo di regina, installò la sua piccola corte.

Morì nel 1689 e fu sepolta con tutti gli onori nelle grotte vaticane della Basilica di San Pietro.

LA GUERRA DELLA SVEZIA CON LA DANIMARCA

Un elemento nuovo veniva intanto a turbare il generale conflitto. Il vecchio re Cristiano IV di Danimarca, dopo la sua uscita di scena dalla guerra nel 1629 con la favorevole pace di Lubecca, ebbe la pretesa di ergersi ad arbitro delle questioni baltiche ed ovviamente gli svedesi che avevano avuto con lui non pochi precedenti non vedevano di buon occhio questa pericolosa intrusione. In più, la pendente situazione di bancarotta, l'inesistenza di un esercito propriamente detto ed altre complicazioni, spinsero re Cristiano a firmare accordi commerciali con la Spagna, e ad accettare un matrimonio in famiglia con quella dell'elettore sassone, allora alleato imperiale. Ma più grave fu il blocco ad Amburgo nella primavera del 1643 e, soprattutto, il nuovo pesante dazio richiesto a tuute le navi che passavano per il Sound. Per la Svezia e per Oxenstierna era davvero troppo.

Il cancelliere reggente richiamò quindi in tutta fretta Torstensson, che in tutta franchezza avrebbe volentieri fatto a meno di questo nuovo incarico, certo come era di potere chiudere la partita con l'imperatore una volta per tutte.

L'invasione della Danimarca doveva avvenire su tre lati. A sud nello Jutland da parte appunto del Torstensson. Dalla madre patria con il redivivo generale Horn da poco liberato dalla prigionia conseguente alla sua cattura a Nordlingen, grazie allo scambio con il van Werth, che doveva assalire la Norvegia. Infine, con la flotta che doveva bloccare i movimenti marittimi.

Insomma una tenaglia micidiale per Cristiano IV, il tutto senza che il governo svedese si degnasse nemmeno di dichiarare formalmente guerra. Cosa questa che provocò l'indignazione degli olandesi, ma anche del cardinale Mazzarino, che giunse persino a minacciare di tagliare i fondi se

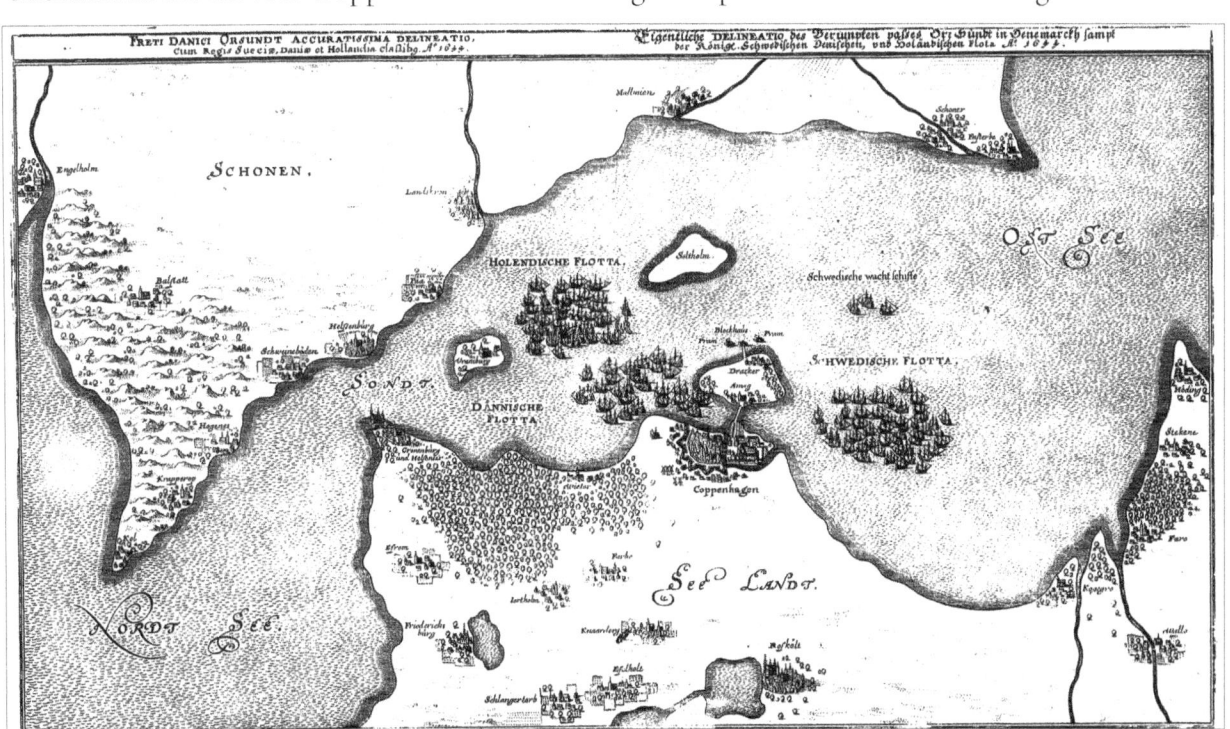

▲ *Le flotte di Svezia e Danimarca nel mar Baltico. M.Merian da Theatrum Europaeum (Collezione privata)*

gli invasori svedesi non avessero abbandonato lo Jutland, che fu invece facilmente conquistato. Infatti Torstensson a fine 1643 arrivò in zona di operazioni nell'Holstein con un esercito decimato da pesanti marce, scarsità di cibo e rigori invernali. Sulla carta ora poteva contare su 12.000 uomini tutti però validi soldati esperti e duri veterani, Con questi assediò la fortezza di fronte a Kiel e, dopo averla conquistata, passò a fil di spada tutta la sua guarnigione.

Questo brutale espediente gli facilitò poi la conquista di numerose piazzeforti che nel ricordo di quel macello si arresero senza combattere.

Il 20 gennaio del 1644 tutto lo Jutland era in mano svedese, mentre la resistenza danese continuava sulle numerose isole dell'arcipelago scandinavo.

Torstensson, impaziente di chiudere la partita il prima possibile, si attrezzò con 80 battelli per superare quegli ostacoli naturali, ma in entrambi i casi i danesi, anche grazie alla loro buona flotta, fecero fallire questi assalti, procurando gravi perdite agli svedesi (quasi 2.000 uomini).

Torstensson saggiamente decise quindi di aspettare l'arrivo della sua flotta, previsto per il mese di maggio. Horn intanto, dopo un buon inizio, si era un po' arenato nelle pianure norvegesi e nella Scania (la regione di Copenaghen), finendo col perdere l'iniziativa militare.

Cristiano IV aveva intanto arruolato 15.000 soldati ed assunto il comando generale anche della flotta. Deciso ad adottare una strategia difensiva come quella del 29 contro il Tilly, egli lanciò numerosi e repentini raids contro gli uomini del Torstensson, in questo aiutato anche da un'attiva resistenza e guerriglia dei poveri e defraudati contadini danesi. Un esercito imperiale guidato da Hatzfeld si portava frattanto ai confini dell'Holstein, aumentando i rischi di isolamento

▲ *Cristiano IV a bordo della nave Trinità alla battaglia di Kolbererger Heyde. Tela del pittore danese Vilhelm Nikolai Marstrand*

del generale svedese che, ora più che mai, faceva affidamento su una chiara vittoria navale dei suoi. Invece, il giorno 11 luglio furono i marinai danesi a sconfiggere pesantemente in mare gli svedesi nella battaglia di Kolbererger.

Nell'occasione, lo sfortunato re danese, al comando della flotta, perse anche il suo occhio destro. A loro volta, gli imperiali animati da tutte queste buone notizie, da Vienna spedirono nell'agone anche l'armata del Gallas, che arrivò in zona alla fine di luglio. Questo fatto rappresentò una sgradita sorpresa per i comandanti svedesi: tutto aveva l'aria di un negativo cambiamento di fronte per le loro bandiere. A Torstensson non rimanevano più di 6.000 uomini, ma con essi fece un miracolo di tattica militare. Mise a ferro e fuoco l'intera regione, bruciandone i raccolti ed i foraggi, lasciando all'armata del Gallas la sola cenere rimasta da tutti i suoi fuochi accesi.

Intanto osservava e seguiva il nemico monitorandone movimento ed umore, aspettando i rinforzi del generale Wrangel promessigli dal suo cancelliere. All'arrivo di questi, riprese con calma ma con decisione il possesso di Jutland e Holstein, favorito dalla tattica attendista adottata dal Gallas intento a difendere la linea dell'Elba.

Gli sconcertati danesi, preso atto dell'impossibilità di sconfiggere Torstensson, fecero quindi ritorno nelle loro piazzeforti a Gluckstadt.

La cosa più incredibile era che a dirigere questo dinamico esercito svedese con tanta energia e volontà ci fosse un uomo con dei seri problemi di salute. Torstensson soffriva infatti di podagra, una fastidiosa e assai dolorosa forma di gotta al piede, che rendeva necessario al generale spostarsi continuamente in lettiga.

Il 13 ottobre è la volta di 14 vascelli svedesi e 19 olandesi di vendicare l'onta della sconfitta di Kolbererger. Questa flotta infatti sconfigge quella danese composta da 17 vascelli a Fermem.

Terminata la reggenza di Oxenstierna, Cristina Vasa, di fatto regina di Svezia, e assai meno interessata a continuare questo conflitto che non capiva, firmava quindi una pace separata con il Brandeburgo e chiuderà poco dopo anche il conflitto con la Danimarca con la pace di Brömsebro il 18 novembre del 1644, a seguito della quale la Danimarca cedette le province di Gotland, Ösel, Halland e parte della Norvegia.

Torstensson era perciò di nuovo libero di occuparsi del fronte tedesco, dove, come previsto dal cancelliere Oxenstierna, le truppe imperiali capitanate dal Gallas non avevano reali intenzioni di collegamento con i soldati di Cristiano IV e se ne stettero tranquille al confine segnato dal fiume Elba. Ma anche questo nuovo fronte venne successivamente considerato poco difendibile una volta esposto ad un duro attacco da parte del Torstensson. L'otto settembre un prudente Gallas spostò quindi le sue truppe a Bernburg, poco a sud di Magdeburgo, in una zona considerata decisamente più sicura.

Questo fatto però non scoraggiò il Torstensson, ormai in pieno spirito offensivo, il quale circondò la collina dove il Gallas si era asserragliato e fortificato, sistemando adeguatamente tutte le sue artiglierie. Pazientemente Torstensson eseguì il piano che aveva in mente: circondare completamente il nemico e fare terra bruciata tutto attorno a questa roccaforte naturale, e alla fine infliggere la mazzata finale.

Tuttavia, almeno in questa occasione, il Gallas riuscì ad imbrogliare le carte e, con un fortunato stratagemma, fece sfilare quasi tutte le sue truppe da questa trappola, riuscendo a raggiungere Magdeburgo e a portare in salvo l'armata, rinunciando soltanto a buona parte dell'artiglieria, dei bagagli e dei treni d'equipaggiamento.

Questa felice manovra venne però resa vana dall'incredibile atteggiamento che lo stesso Gallas mantenne una volta giunto Magdeburgo.

Scioccamente, egli rimase immobile in città, dando così il tempo al Torstensson di farsi di nuovo sotto e ripetere l'accerchiamento.

▲ *La tarda cavalleria imperiale 1640-50: corazziere a cavallo e ufficiale con corazza. Tavola di Bruno Mugnai e Luca Cristini*

Gli svedesi, nel frattempo raggiunti da un distaccamento di assiani, disponevano di 13.000 uomini, ai quali gli imperiali potevano opporre non più di 10.000 uomini, molti dei quali erano solo reclute inesperte. Ad aggravare ulteriormente la situazione imperiale la defezione di qualche migliaio di questi uomini datisi alla fuga già nella notte del 21 novembre in direzione di Wittenberg. Questi fuggiaschi vennero tuttavia intercettati dall'esercito svedese solo pochi chilometri fuori dalla città finendo tutti sterminati.

Gli imperiali rimasti asserragliati nella difesa della già martoriata Magdeburgo cominciarono a soffrire pesantemente i disagi e i morsi della fame, gli ultimi cavalli a disposizione vennero presto macellati per far fronte a questa esigenza. In questa situazione disperata, Gallas tentò nuovamente di sottrarsi alla cattura, dirigendosi verso la città di Wittenberg.

Nella sortita perse però altri 1.000 uomini, ma con i restanti 3.000 raggiunse la destinazione che si era posto. A Vienna venne condannata e grandemente deplorata questa fallimentare strategia

fatta di fughe tra il lupo e la volpe e al Gallas venne affibbiato il soprannome di *"spacca armate"*.

Un esercito campale forte di 20.000 uomini, e predisposto allo scopo principale di sconfiggere o perlomeno fermare la rivale armata svedese si era infatti visto ridurre in breve e da nemici inferiori di numero a poco più di 3.000 sopravvissuti, per di più fortemente demoralizzati.

La stessa capitale dell'impero rimaneva al momento senza alcuna difesa valida.

Un Torstensson inesauribile invece, utilizzò gli scampoli di questo 1644 per devastare alla sua maniera la povera Sassonia nel tentativo di forzare l'elettore Giovanni Giorgio alla pace con la Svezia. La sconfitta della Danimarca, la distruzione dell'armata del Gallas, le vincenti offensive francesi sul Reno, facevano di questo 1644 uno degli anni più terribili per le sorti imperiali.

L'unica nota positiva giunta a Vienna in quei giorni rimaneva il successo dell'armata imperiale impegnata in Ungheria e guidata dal Gotz, che aveva bloccato sul nascere un nuovo tentativo di invasione proveniente dalla Transilvania.

▲ *La battaglia navale di Fermem del 1644, in cui una flotta svedese-olandese sconfiggerà quella danese*

LEOPOLDO GUGLIELMO ARCIDUCA D'AUSTRIA 1614-1662

Era il più giovane figlio di Ferdinando II Asburgo e di Maria-Anna di Baviera.

Fratello dell'imperatore Ferdinando III, fu un discreto comandante militare, che ebbe però la sventura di misurarsi nell'ultima parte della guerra dei 30 anni con i migliori generali del periodo, come il Torstensson ed il Turenne.

Tuttavia, in collaborazione specialmente con il Piccolomini, riuscì ad impedire la conquista di Vienna da parte svedese nel 1645 e a favorire la ritirata definitiva del Torstensson, inseguendolo tenacemente con il suo esercito.

Nel 1648 combatté di nuovo contro la Francia e concluse la pace con gli olandesi per conto di Bruxelles. Quando Leopoldo divenne governatore dei Paesi Bassi spagnoli nel 1647, essendo un grande cultore e appassionato d'arte, assunse il grande pittore fiammingo David Teniers il Giovane come un pittore, ma soprattutto come curatore della raccolta di ritratti che stava collezionando.

Un po' come già per gli antiquari Strada con il suo antenato Rodolfo d'Asburgo, il Teniers spese somme immense nell'acquisizione di dipinti per l'arciduca. Un numero elevato di preziosi capolavori dei maestri italiani, ora nel

Museo di Vienna, venne proprio dalla galleria di Leopoldo, dopo essere appartenuti a Carlo I° Stuart ed al duca di Buckingham.

Leopoldo nella sua carriera fu anche nominato gran maestro dell'ordine teutonico.

Quando Leopoldo fece ritorno a Vienna nel 1657, portò con sé tutta la sua collezione, che alla sua morte divenne proprietà imperiale. Oggi essa è parte del Kunsthistorisches Museum a Vienna.

◄ *La galleria dell'arciduca Leopoldo a Bruxelles. Dipinto di David Teniers il giovane. Staatsgalerie, Schleissheim*

LA CAMPAGNA DEL 1645 E LA BATTAGLIA DI JANKAU

Dopo avere svernato nei suoi sicuri quartieri, nel gennaio del 1645 Torstensson elaborò in piano con il quale intendeva porre fine alla guerra.

Il piano prevedeva un triplice assalto su Vienna da parte dei francesi attraverso la Baviera, dai transilvani attraverso l'Ungheria ed infine da parte della sua armata recentemente rinnovata ed equipaggiata. In aggiunta, egli pensò anche di sobillare una nuova rivolta dei protestanti nella bassa Austria. In passato simili piani erano tutti naufragati, ma Torstensson si augurava stavolta di avere successo. Il destino austriaco era al momento affidato alle abili mani del generale Hatzfeld che poteva contare su un esercito da campo di poco meno di 13.000 uomini.

Vienna era assai preoccupata dell'inadeguatezza e della scarsità numerica di questa armata, cui era delegata la difesa di enormi territori e svariati fronti. Chiese perciò aiuto ai bavaresi, che si limitarono ad inviare 5.000 veterani al comando del prode van Werth, grazie ai quali si poté almeno ristabilire una parità numerica nei confronti dell'armata svedese del Torstensson.

In realtà, questo esercito era un coacervo di unità assai deboli: i resti della armata del Gallas, gli in-

▲ *La battaglia di Jankau in una delle tre tavole che M.Merian ha dedicato al fatto. T.Europaeum (Collezione privata)*

subordinati uomini di Gotz e quelli del van Werth; solo i westfaliani di Hatzfeld costituivano un contingente di una valida forza. Torstensson, sempre più debilitato dalla sua grave malattia, era determinato a non perdere altro tempo e a voler concludere le operazioni prima che il suo fisico lo abbandonasse definitivamente. A metà gennaio del 1645 egli disponeva di una rmata di quasi 30.000 uomini.

Di questi, 5.000 sotto il Wrangel erano dislocati in Danimarca a tenere sotto controllo le mosse di re Cristiano. Altri 9.000 al comando di Konigsmark operavano nell'area sassone e in Westfalia, quindi i restanti 16.000 erano a sua completa disposizione. Il 24 gennaio iniziò l'offensiva nei pressi di Pressnitz, mentre il grosso dell'armata imperiale era dislocato nei dintorni di Pilsen.

Hatzfeld elaborò il piano di concentrare tutte le sue forze ed aggredire immediatamente l'esercito svedese in Boemia alla prima buona occasione.

L'assenza di un reale e riconosciuto comando supremo da parte dei suoi sottoposti, primo fra tutti il ribelle Gotz che con 2.000 uomini occupava Praga, rese però subito vano ogni serio tentativo da parte imperiale di sviluppare una valida strategia offensiva. Intanto il 18 febbraio gli svedesi attraversarono il fiume Eger ed in una settimana giunsero nei dintorni di Pilsen, senza che Hatzfeld facesse o potesse fare nulla per interferire in questi movimenti. Iniziò allora una complicata partita a scacchi in quella parte della Boemia già così travagliata e sofferente.

Le due armate contrapposte si seguirono e si rincorsero a vicenda nella zona del bacino della Moldava. Hatzfeld decise per una strategia di contenimento, che gli permettesse di tenere sotto controllo i movimenti svedesi sull'altro lato del grande fiume boemo, garantendosi nel contempo una costante e difendibile posizione da cui dare battaglia nel caso gli svedesi avessero attraversato la Moldava. Torstensson fu quindi costretto ad un largo giro e finalmente il quattro

▲ *Il generale Carl Gustav Wrangel, già vice del Torstensson, fu con Konigsmarck l'ultimo geniale militare svedese della guerra*

marzo attraversò il fiume a nord delle posizioni nemiche. Hatzfeld per tutta risposta nella giornata del cinque marzo raggiunse il villaggio di Jankau, dove individuò quella che secondo lui era una valida posizione difensiva e nella quale cercò di disporre al meglio la sua armata oltremodo stanca e provata a causa delle faticosissime marce forzate.

LA BATTAGLIA DI JANKAU DEL 6 MARZO 1645

Nel tardo pomeriggio del cinque giunse in zona anche l'esercito svedese in formazione di battaglia. Torstensson decise che avrebbe attaccato l'indomani. Lo schieramento svedese era posto ad ovest degli avversari in una linea di quasi 3 km che andava da sud a nord. Gli imperiali in posizione parallela ad est degli uomini di Torstensson. Nel mezzo dello schieramento scorreva il fiume Jankau, tributario della Moldava, che proprio lì attraversava il villaggio omonimo. Le armate si equivalevano: 16.000 uomini per parte, con prevalenza di cavalleria da parte imperiale, e con un numero di pezzi d'artiglieria triplo a vantaggio degli svedesi.

La posizione scelta da Hatzfeld era veramente forte, in un terreno rotto da colline e boschi che complicava la vita all'artiglieria, compensando così in parte questo handicap imperiale, ma soprattutto alla cavalleria che ben difficilmente avrebbe potuto caricare. Questo, per chi intendeva difendersi, poteva essere un vantaggio.

Torstensson, esaminato il campo di battaglia, trasse la conclusione che far sloggiare gli avversari da quelle colline sarebbe stata una vera impresa; del resto, pensava, non aveva alternative ed elaborò un piano che prevedeva di far partire l'assalto a sud dalle parti della collina detta "della Cappella". Alle ore sei del mattino gli svedesi si mossero all'insaputa del nemico che ancora non aveva iniziato l'opera di ricognizione.

Quindi, per un puro caso, anche gli imperiali inviarono verso la collina delle truppe al comando di Gotz, che inevitabilmente finirono col cozzare fra di loro. Gotz era in ritardo, pur tuttavia fece caricare la posizione ai suoi dragoni, che però dovettero presto abbandonare l'iniziativa.

La collina era già saldamente in mano agli svedesi. Gotz era ignaro del piano svedese e non sapeva prevedere se esso avesse scopi difensivi o, al contrario, se gli svedesi si trovassero in procinto di un attacco generale e quindi scelse di dare ordini per nuovi assalti alla collina.

Alle ore otto invece, il comandante imperiale Hatzfeld aveva già capito le intenzioni offensive del suo avversario e si era disposto per farvi contro in maniera efficace ed utile. E lì ebbe la sgradita occasione di notare che molti contingenti, assolutamente necessari alla difesa delle sue po-

▲ *Lennart Torstensson*

sizioni, erano stati richiamati dal Gotz per la sua personale ed inopportuna carica.

Si crearono nei minuti successivi diverse e gravi incomprensioni da parte dei due generali imperiali. Hatzfeld che intendeva recuperare l'errore fatto e stigmatizzare il suo sottoposto. Dall'altro lato il ribelle Gotz che non ne voleva sapere ed anzi pretendeva sempre maggiori rinforzi per far sloggiare una volta per tutte gli svedesi dalla collina della Cappella, che, in mezzo alla confusione generata dal fumo dei cannoni, rimaneva l'unica cosa chiaramente visibile sul campo di battaglia.

Questo assurdo assalto divenne presto un incubo per gli imperiali ed un'ottima occasione per Torstensson che non chiedeva di meglio che dissanguare nella maniera più semplice l'ostinato avversario, vomitandogli addosso cannonate su cannonate, al riparo della sua forte posizione.

Alle 9 gli uomini di Gotz avevano esaurito ogni riserva nei numerosi assalti e iniziarono a ripiegare. Gli svedesi mandarono quindi all'assalto la cavalleria agli ordini di Wittenberg a finire i fuggiaschi nel vallone sottostante. Qui capitò loro di incontrare altri spezzoni di fanterie imperiali giunte a supporto, ma completamente disorganizzate e confuse dal terreno accidentato e boscoso. Nel frattempo, altre unità svedesi avevano completamente preso possesso di tutte le colline poste a sud e da queste posizioni fecero partire il loro micidiale attacco sul fianco avversario.

Ciò mise sotto pressione l'intero schieramento imperiale che, verso le 11,30, ripiegava, convenientemente coperto dalla cavalleria del van Werth. Nella ritirata però, lasciarono in preda agli svedesi 9 cannoni e i vagoni di munizioni.

Tuttavia le armate ruppero il contatto a causa della enorme confusione creatasi.

Gli svedesi, assai bene addestrati, e sopratutto magnificamente diretti da quel genio militare che si ritrovavano ristabilirono velocemente lo schieramento sul campo di battaglia.

Gli imperiali ormai battuti cercarono la via per Olmutz; Hatzfeld contava però di non essere disturbato in questa manovra, dando per scontato che gli svedesi, come del resto le sue truppe, avessero necessità di fare una sosta.

Verso il tramonto, fece sfilare le sue truppe a nord in un vallone stretto fra una collina e il villaggio di Jankau, sperando di evitare i cannoni avversari, nel frattempo cresciuti di numero anche grazie ai pezzi imperiali catturati.

Il terribile Torstensson però si presentò puntuale all'appuntamento e, con i due eserciti di nuovo rapidamente schierati, diede il via all'assalto finale: quella che ne seguì fu una zuffa micidiale in cui entrambi gli schieramenti diedero grande prova di coraggio e di eroismo.

van Werth produsse infinite contro cariche e alla fine fu costretto a ritirarsi con gravi perdite.

In uno degli ultimi assalti i bavaresi del van Werth piombarono sulle retrovie svedesi e non resistettero alla tentazione di assaltare il convoglio,

catturando tutte le donne degli avversari compresa la moglie del Torstensson!

Alla fine l'urto svedese ebbe la meglio ed i rimanenti cavalleggeri imperiali si diedero alla fuga, lasciando al loro destino la fanteria guidata dal Suys, che venne sopraffatta e distrutta come già era accaduto due anni prima a quella spagnola a Rocroi. La battaglia era finita, lo stesso comandante imperiale Hatzfeld in fuga finì per venire catturato da due soldati svedesi.

La vittoria era costata assai cara a Torstensson, che lamentò almeno 2.000 morti e altrettanti feriti, fra i quali buona parte dei suoi ufficiali comandanti. Per gli imperiali Jankau fu molto peggio, in una parola: una strage: almeno 5.000 cavalieri e tutta la fanteria.

Diversi generali tra cui lo stesso Gotz ed anche il figlio unigenito di Ottavio Piccolomini fatto prigioniero che verrà poi assassinato.

Persero tutti e 26 i loro cannoni, 80 fra bandiere e cornette e 4.500 prigionieri fra i quali il comandante Hatzfeld e Mercy, giunto tardi sul campo di battaglia con cinque squadroni di cavalleria con i quali non poté far molto.

Questa battaglia fu la più lunga ed articolata di tutta la guerra dei 30 anni, a testimonianza dell'importanza della posta in palio.

Jankau rappresentò la chiave di volta definitiva del grande conflitto trentennale.

Le truppe dell'imperatore non si sarebbero mai più rialzate in maniera efficace dopo questa terribile carneficina: tutte le speranze di Ferdinando III erano ora riposte nell'abilità diplomatica dei suoi numerosi delegati inviati a Munster e Osnabrück.

Ed Intanto il generale Torstensson, insaziabile, pensava a ritirare il suo prossimo agognato premio: Vienna. ne aveva tutte le possibilità, nulla e nessuno parevano in grado di sbarrargli la strada, ma non anticipiamo niente per ora e intanto rivediamo i numeri e i fatti che hanno caratterizzato la grande battaglia di Jankau.

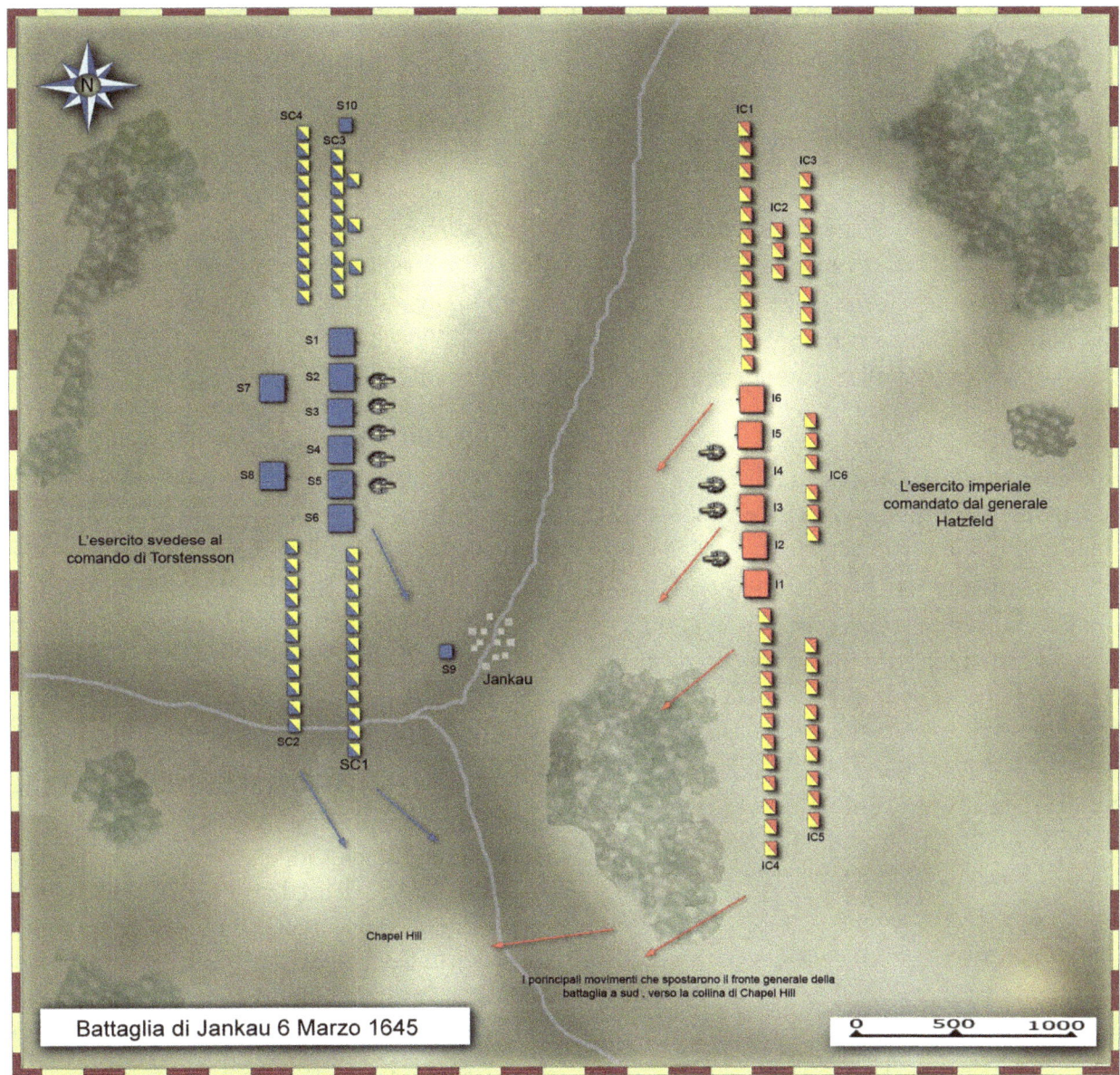

Battaglia di Jankau 6 Marzo 1645

L'esercito svedese al comando di Torstensson

L'esercito imperiale comandato dal generale Hatzfeld

Jankau

Chapel Hill

I porincipali movimenti che spostarono il fronte generale della battaglia a sud , verso la collina di Chapel Hill

0   500   1000

DISPOSIZIONI INIZIALI ALLA BATTAGLIA DI JANKAU

Truppe dell'esercito imperiale: al comando del generale Melchior Von Hatzfeld così disposte:

Fanteria (generale Suys):

I1=Brigata Zuniga (Imperiali): 1.000

I2= Brigata Zaradetzky (Imperiali): 1.000

I3= Brigata Suys (Imperiali): 1.000

I4= Brigata Holz (Bavaresi): 650

I5= Brigata Ruischenberg (Bavaresi): 700

I6= Brigata Gil de Haas (Bavaresi): 650

Cavalleria ala destra (generale van Werth):

IC1=1a fila 12 Squadroni Werth (bavaresi): 2.700

IC2=2a fila 3 Squadroni Trauditsch (imp.): 660

IC2=3a fila 8 Squadroni Mercy più cavalleria croata (imperiali): 1.700

Cavalleria ala sinistra (generale Gotz):

IC4=1a fila 12 Squadroni Bruay & Bassompierre (imperiali): 2.700

IC5=2a fila 9 Squadroni Pompeji più compagnie

dragoni (imperiali e boemi): 1.920
Cavalleria di riserva (generale Callenberk)
IC6=6 Squadroni Callenberk (sassoni): 1.320

Totale di 5.000 fanti, 11.000 cavalieri e dragoni e 26 cannoni per un totale di 16.000 uomini.

Truppe dell'esercito Svedese: al comando del generale Lennart Torstensson cosi disposte:

Fanteria (generale Mortaigne):
S1= Battaglione Wolckmar: 676
S2= Battaglione Paikull e Seestedt: 955
S3= Battaglione Mortaigne: 670
S4= Battaglione Wrangel e Linde: 810
S5= Battaglione Torstensson Leib: 776
S6= Battaglione Ribbing e Stalarm: 500
S7= Battaglione Lewenhaupt e Jordan: 985
S8= Battaglione Axel Lillie e Koppy: 763

Cavalleria ala destra (generale Wittenberg):
SC1= 1a fila 13 Squadroni Wittenberg: 2.450
SC2= 2a fila 11 Squadroni Goldstein (ted.): 1.700
S9= distaccamento di moschettieri a piedi: 480

Cavalleria ala sinistra (generale Douglas):
SC3= 1a fila 12 Squadroni Douglas (Assiani): 2.010
SC4= 2a fila 11 Squadroni Muller (tedeschi): 1.870
S10= distaccamento di moschettieri a piedi: 440

Totale di 7.055 fanti, 8.962 cavalieri e 60 cannoni, per complessivi 16.017 uomini.

LA MARCIA SU VIENNA

La famiglia imperiale si rifugiò immediatamente a Gratz, recandosi in preghiera al mausoleo dell'augusto padre recentemente scomparso. Non tutti gli Asburgo andarono a questo triste pellegrinaggio, in verità Ferdinando III, che era rimasto solo a Vienna, non sapeva a che santi appellarsi. Torstensson infatti scese rapidamente a sud, catturando per via Tabor, Iglau e Znaim e altri centri minori.

Giunse infine in vista del Danubio a Krems il 25 marzo, a meno di 60 chilometri dalla capitale.

Il suo piano prevedeva il contemporaneo assalto anche da parte di Turenne e di Rakòczy, il nuovo reggente di Transilvania. Sennonché il primo aveva avuto alcuni problemi ed era in ritardo sulla tabella di marcia; il secondo venne indirettamente fermato dai turchi (che così furono gli involontari salvatori dell'imperatore).

Questi infatti avevano pianificato di strappare Candia alla repubblica veneta e, per far ciò, dovevano poter disporre di tutte le loro principali risorse e non avere altre questioni in corso.

Finirono perciò immediatamente di fornire tutti i contributi al Rakòczy, che, rimasto senza fondi e allettato dalle promesse dell'imperatore, finì con l'accettare la pace con Ferdinando III, sottoscritta formalmente a Vienna il 16 dicembre del 1645. Torstensson si decise allora per un diversivo e pose sotto assedio Brunn, la capitale della Moravia. Questa città però era ben difesa da una guarnigione di 1.500 uomini decisa a tutto.

Mentre il generale svedese, fallito il tentativo di una rapida cattura, preparava il normale assedio con una calma che non gli era consueta, ricevette la brutta notizia che il Turenne era stato pesantemente sconfitto a Marienthal, seguita da un'altra altrettanto grave per lui che indicava che l'armata dell'arciduca e del redivivo Gallas stavano raccogliendo numerosi allori con i loro veloci raids. Infine ultima tegola: i transilvani si ammutinarono tutti quanti per mancanza di paga.

L'arciduca Leopoldo astutamente offrì 50 talleri di ingaggio a tutti i soldati del Torstensson che avessero voluto cambiare partito.

Molti accettarono questo riscatto, a partire dagli ex prigionieri di Jankau e la situazione di Torstensson cominciò a diventare delicata, a molti chilometri di distanza dalle sue basi, in pieno territorio ostile, con i suoi soldati che disertavano di giorno in giorno sempre più numerosi.

Il 15 agosto Torstensson tentò un ultimo colpo di mano contro l'imprendibile città di Brunn.

Il giorno dopo il generale svedese vi rinunciò.

Nell'impresa aveva perso ben 8.000 uomini, contro poco più delle 300 perdite subite dalla tenace guarnigione imperiale. Il 28 agosto ripiegò quindi con i suoi 14.000 uomini tallonati dalla rinvigorita armata imperiale agli ordini di Leopoldo con ben 20.000 uomini. L'ostinato svedese tentò un'ennesima volta di prendere contatto con l'armata transilvana e con il contingente di rinforzo guidato dal Konigsmarck, per un ultimo tentativo di catturare la capitale austriaca.

Il 10 settembre è a soli 20 chilometri dalla città, che tuttavia pareva impossibile da prendere, con i suoi bastioni e poderosi sistemi difensivi ed un'armata ben disposta tutta attorno e, soprattutto, assai più numerosa della sua.

Purtroppo per Torstensson la grande occasione era andata irrimediabilmente perduta, e il mondo per gli Asburgo tornava a girare bene attorno al proprio asse. A fine settembre cominciò quindi la complicata ritirata svedese verso la Boemia, tallonata dall'armata dell'arciduca, che, finita la guerra, e smesso spada e corazza, diverrà uno dei massimi collezionisti d'arte, come già il suo avo Rodolfo. La malattia in quei giorni tormentò ancora di più il condottiero svedese ed egli fu talmente debilitato che il 23 dicembre dovette rinunciare al comando in favore del generale Wrangel e fare ritorno in Svezia per curarsi.

In quattro anni egli aveva distrutto tre grandi armate nemiche, aveva compiuto marce trionfali paragonabili solo a quelle del suo sovrano Gustavo Adolfo, ma alla fine era mancata però la preda più ambita, anche se, nonostante questo mezzo fallimento finale, il suo contributo a far chiudere la guerra rimase assai decisivo.

▲ *L'assedio della città di Brunn nell'agosto del 1645. Tavola coeva*

▲ *Tarde uniformi imperiali 1645-1650. Tavola di Mugnai e Cristini*

▲ *Tarde uniformi imperiali 1645-1650. Tavola di Mugnai e Cristini*

▲ *Portastendardo imperiale. Tavola del Gerasch*

Theatrum Europaeum
il Giornale del tempo...

In questo numero:
Convenzioni preliminari per la pace fra Cristina di Svezia e Cristiano IV di Danimarca.

CONVENZIONI PRELIMINARI PER LA PACE FRA CRISTINA DI SVEZIA E CRISTIANO IV DI DANIMARCA. MALMÖ, 1644, NOVEMBRE 8

(dal corps universel di Du Mont)

▲ *Il re Cristiano IV di Danimarca*

*I*o Gustavo Horn, senatore della S.R.M e del regno di Svezia, maresciallo di campo, signore a malla e hering, cavaliere dorato, riconosco e affermo di aver ricevuto dalla mano dell'illustrissimo ed eccellentissimo signor Gaspare Cognesius de la Tuillerie, eques auratus, barone cursoniie. conte del consiglio reale (consistorianus) legato straordinario della R. M. cristianissima per il Settentrione, un documento originale del seguente tenore. Noi Giustino Hoeq, senatore della S. R.M. di Danimarca, di Norvegia, dei regni corrispondenti e consigliere del regno e ministro per la spedizione in Germania, prefetto in Calloe e Hadersleben, signore in Giorsloff, cavaliere dell'ordine della R. M., rendiamo noto e attestiamo agli interessati (tutti ed ognuno) che, essendo sorta tempo addietro la guerra tra la sua serenissima R. M. di Danimarca e la S.R.M. di Svezia, ed essendosi diffusa la notizia di questo avvenimento in molte parti d'Europa, (essa) ha impressionato gli animi di tutti coloro per i quali la pace generale è importante e sta a cuore, soprattutto (l'animo) del serenissimo, potentissimo e cristianissimo re di Francia, e dei nobili e potenti signori degli ordines generali del Belgio confederato, i quali, valutando quanto la tranquillità generale del mondo cristiano riceva motivi di logoramento da una guerra tanto funesta, hanno impegnato a questo scopo i loro ambasciatori (cioè: il re cristianissimo, l'illustrissimo ed eccellentissimo signor Gaspare Cognetius Thuillerius, eques auratus, barone cursonii e conte del consiglio reale e inoltre ambasciatore straordinario della stessa serenissima R. M. per il settentrione; gli ordines belgi confederati, invece, gli illustri e potenti (magni) signor Gerardo Schaff console ad Amsterdam, deputato dell'Olanda nel consiglio dei predetti ordines, e amministratore dell'Università di Liegi; il signor Alberto Sonchius, cavaliere, console ad Hornia; e il signor Gioacchino di Andrea, cavaliere, primo consigliere della suprema corte di Frisia e deputato nel consiglio degli stati generali a nome della Frisia occidentale affinché spendessero le loro fatiche per riconciliare gli animi dei re belligeranti; essi, senza risparmiare le forze, passando spesso da una parte all'altra tra i due accampamenti, e parlando ogni giorno con i signori commissari di entrambe le corone, si sono dimostrati molto attivi; ma soprattutto hanno dichiarato che la pace stava a cuore alla regina di Svezia. Per cui la S. R. M. di Danimarca, affinché fosse chiaro a tutto il mondo - specialmente in questi tempi confusi - quanto ella sia estremamente desiderosa di una pace giusta, ha apprezzato con animo riconoscente questa efficienza (promptitudo) dei signori mediatori. Gettate queste fondamenta, i signori ambasciatori hanno cercato di far definire il momento e il luogo delle future trattative, e di far predisporre gli altri preparativi; e nello stesso tempo hanno comunicato che la regina di Svezia aveva scelto tra i signori il suo commissario per rappresentarla a queste trattative; e per questo motivo anche la S. R. M. di Danimarca non ha voluto perdere tempo (intermittere), anzi, ha concesso a noi predetti il potere di concludere i preparativi, e a questo scopo ha disposto con uno speciale documento che, a nome della S. R. M. di Danimarca,, in forza del decreto speciale, si giungesse ad un accordo tra entrambe le parti (pure grazie all'attività e alla mediazione dei predetti signori ambasciatori) sul momento, sul luogo, sui salvacondotti e su tutto ciò che riguarda i preparativi, come riporta in modo più completo il mandato della S. R. M. esposto sopra. E ora noi, commissari destinati a questa trattativa preliminare in nome della S. R. M., attestiamo e dichiariamo che, in forza del predetto mandato, con la mediazione degli stessi signori ambasciatori, si è giunti ad un accordo in questi termini. I senatori di entrambi i regni e di entrambe le corone si devono presentare, in numero pari, tra il 15 e il 25 del prossimo mese di dicembre, a Bremsbro, che è posto sui confini, tra Oslo e Calmaria; e in nome della Sacrosanta Trinità devono iniziare le trattative sulla pace che verrà; il numero dei commissari, però, non sia superiore a 4, e da ambo le parti siano provvisti di un mandato e di una delega (plenipotentia) sufficiente. È sembrato inoltre indispensabile che durante le trattative, per lo spazio di due miglia, tutti i luoghi che circondano Bremsbro siano resi immuni da ogni (atto di) ostilità, in modo tale che anche i delegati svedesi siano liberi, durante tutto il tempo delle trattative, non solo di venire e di andarsene insieme con la scorta quante volte vorranno, in sicurezza e in libertà, ma anche di inviare messi, corrieri e lettere, di trasportare bagagli senza alcun fastidio o difficoltà; in modo tale che sia anche assicurata un'efficace garanzia per le lettere dei delegati svedesi - sia per quelle scritte da loro, sia per quelle scritte a loro - e non si permetta che con alcun pretesto siano respinte, trattenute o distrutte; si abbia lo stesso rispetto per la strada che conduce da Oslo a Calmaria; ma soprattutto, quand'anche le trattative

▲ La regina Cristina di Svezia

- che ciò non avvenga! - non raggiungessero un esito favorevole, tuttavia i deputati svedesi saranno liberi di tornare illesi dalla loro regina e di godere di un ritorno senza preoccupazioni; promettiamo questo, in modo onesto e inviolabile, a nome della R. M. di Danimarca. E affinché possano guardare a ciò con fiducia (gaudere) e senza alcun timore (securius), la S. R. M. di Danimarca promette - attendendosi altrettanto da parte della regina di Svezia - che entro lo spazio di tre settimane dal giorno di questo accordo verranno consegnati nelle mani dei signori mediatori i salvacondotti nella forma migliore e più perfezionata (optima), in modo tale che poi possano essere reciprocamente scambiati e consegnati alle parti; infine, dopo aver terminato ed adempiuto ciò, i commissari - accompagnati da cento cavalli e non di più, oltre ai domestici e ai servitori consueti - si presentino in detto luogo nel momento prefissato. Per garantire ciò noi sottoscritti commissari della S. R. M. di Danimarca, in forza di questo documento pubblico e in nome del particolare mandato, e da parte della S. R. M., ci vincoliamo e ci impegnando con fermezza; e in segno di maggiore stima abbiamo dunque consegnato i nostri autentici mandati nelle mani di entrambi i signori ambasciatori, e vi abbiamo posto i sigilli di famiglia (agnata). Malmö, 29 ottobre - 8 novembre 1644.

ANTOON VAN DYCK 1599-1641

Grande pittore fiammingo, principalmente ritrattista, divenne il principale pittore della corte inglese. Nato ad Anversa, nella gioventù lavorò due anni nella bottega di Pieter Paul Rubens. Nel 1620, si recò in Inghilterra per la prima volta, ma dopo soli quattro mesi fece ritorno nelle Fiandre. In seguito, si recò in Italia dove rimase fino al 1627, studiando i maestri italiani e ponendo le fondamenta della sua carriera di ritrattista di successo.

Sua specialità furono i ritratti degli aristocratici italiani, spesso mostrati su cavalli maestosi e dame in abito nero; fu molto attivo soprattutto a Genova dove dipinse ritratti assai importanti. Nacque allora lo stile alla "van Dyck". Nel 1627, tornò ad Anversa dove per alcuni anni dipinse molti dei suoi capolavori. La sua reputazione giunse all'orecchio di re Carlo I d'Inghilterra che lo chiamò a corte. Così, nel 1632, van Dyck parte una seconda volta per Londra.

Il suo successo inglese fu rapido: dipinse ritratti di re Carlo, della regina Enrichetta, dell'amante del re Margherita Lemon, lo splendido gruppo dei figli del re, oltre ad alcuni celebri autoritratti. Nel luglio 1632 venne nominato baronetto e nel 1633 fu eletto pittore del Re. In pieno successo artistico ed economico, sposò la figlia di Lord Ruthven. Nel 1634, fece un breve viaggio nella sua Anversa e nel 1641 un altro in Francia.

Nel 1635 realizzò il suo capolavoro: Carlo I in tenuta da caccia, ora al Louvre a Parigi, che riprende il sovrano in piedi, così da enfatizzarne la tipica grazia altera dello Stewart.

Morì nel 1641 a Londra, dove venne sepolto in gran pompa nella Cattedrale di San Paolo. Antoon van Dyck ebbe una grande influenza sui ritrattisti inglesi, specialmente Joshua Reynolds e Thomas Gainsborough. Per questo motivo diversi studiosi e critici lo considerano il fondatore della scuola pittorica inglese.

▲ *Autoritratto con girasole. A. van Dyck*

▲ *Diego Felipe de Guzmán marchese di Leganes nel famoso dipinto di Antoon van Dyck (Collezione privata)*

INDICE
DEL QUARTO VOLUME

L'OPERA COMPLETA
SU CINQUE VOLUMI

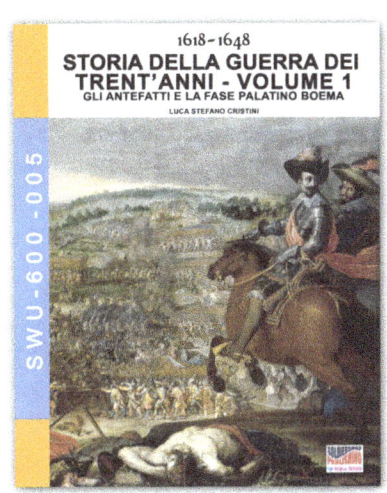

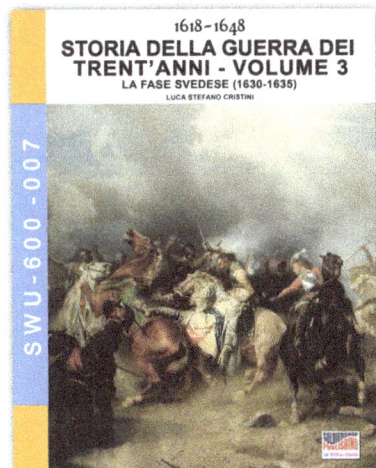